Les jeunes non scolarisés et déscolarisés
d'Afrique subsaharienne

DIRECTIONS DU DÉVELOPPEMENT
Développement humain

Les jeunes non scolarisés et déscolarisés d'Afrique subsaharienne

Politiques pour le changement

Keiko Inoue, Emanuela di Gropello, Yesim Sayin Taylor et James Gresham

 **GROUPE DE LA BANQUE MONDIALE**

© 2015 Banque internationale pour la reconstruction et le développement/La Banque mondiale
1818 H Street NW,
Washington, DC 20433
Téléphone : 202-473-1000 ; Internet : www.worldbank.org

Certains droits réservés

1 2 3 4   18 17 16 15

La publication originale de cet ouvrage est en anglais sous le titre de *Out-of-School Youth in Sub-Saharan Africa* en 2015. En cas de contradictions, la langue originelle prévaudra.

Cet ouvrage a été établi par les services de la Banque mondiale avec la contribution de collaborateurs extérieurs. Les observations, interprétations et opinions qui y sont exprimées ne reflètent pas nécessairement les vues de la Banque mondiale, de son Conseil des Administrateurs ou des pays que ceux-ci représentent. La Banque mondiale ne garantit pas l'exactitude des données citées dans cet ouvrage. Les frontières, les couleurs, les dénominations et toute autre information figurant sur les cartes du présent ouvrage n'impliquent de la part de la Banque mondiale aucun jugement quant au statut juridique d'un territoire quelconque et ne signifient nullement que l'institution reconnaît ou accepte ces frontières.

Rien de ce qui figure dans le présent ouvrage ne constitue ni ne peut être considéré comme une limitation des privilèges et immunités de la Banque mondiale, ni comme une renonciation à ces privilèges et immunités, qui sont expressément réservés.

Droits et autorisations

L'utilisation de cet ouvrage est soumise aux conditions de la licence Creative Commons Attribution 3.0 IGO (CC BY 3.0 IGO) http://creativecommons.org/licenses/by/3.0/igo/. Conformément aux termes de la licence Creative Commons Attribution (paternité), il est possible de copier, distribuer, transmettre et adapter le contenu de l'ouvrage, notamment à des fins commerciales, sous réserve du respect des conditions suivantes :

Mention de la source — L'ouvrage doit être cité de la manière suivante : *Les jeunes non scolarisés et déscolarisés d'Afrique subsaharienne : Politiques pour le changement*. Directions du développement. Washington, DC : La Banque mondiale. DOI : 10.1596/978-1-4648-0688-9. Licence : Creative Commons Attribution CC BY 3.0 IGO

Traductions — Si une traduction de cet ouvrage est produite, veuillez ajouter à la mention de la source de l'ouvrage le déni de responsabilité suivant : *Cette traduction n'a pas été réalisée par la Banque mondiale et ne doit pas être considérée comme une traduction officielle de cette dernière. La Banque mondiale ne saurait être tenue responsable du contenu de la traduction ni des erreurs qu'elle pourrait contenir.*

Adaptations — Si une adaptation de cet ouvrage est produite, veuillez ajouter à la mention de la source le déni de responsabilité suivant : *Cet ouvrage est une adaptation d'une œuvre originale de la Banque mondiale. Les idées et opinions exprimées dans cette adaptation n'engagent que l'auteur ou les auteurs de l'adaptation et ne sont pas validées par la Banque mondiale.*

Contenu tiers — La Banque mondiale n'est pas nécessairement propriétaire de chaque composante du contenu de cet ouvrage. Elle ne garantit donc pas que l'utilisation d'une composante ou d'une partie quelconque du contenu de l'ouvrage ne porte pas atteinte aux droits des tierces parties concernées. L'utilisateur du contenu assume seul le risque de réclamations ou de plaintes pour violation desdits droits. Pour réutiliser une composante de cet ouvrage, il vous appartient de juger si une autorisation est requise et de l'obtenir le cas échéant auprès du détenteur des droits d'auteur. Parmi les composantes, on citera, à titre d'exemple, les tableaux, les graphiques et les images.

Pour tous renseignements sur les droits et licences doivent être adressées à World Bank Publications, The World Bank, 1818 H Street, NW Washington, DC, 20433, USA ; télécopie : 202-522-2625 ; courriel : pubrights@worldbank.org.

ISBN (imprimé): 978-1-4648-0688-9
ISBN (digital): 978-1-4648-0689-6
DOI: 10.1596/978-1-4648-0688-9

Conception de la page de couverture:
Photo de couverture : Des jeunes à un étal de fruits et légumes. © Arne Hoel /Banque mondiale. Utilisation soumise à autorisation préalable.
Maquette de couverture : Debra Naylor, Naylor Design, Inc.

Table des matières

Remerciements   xi
À propos des auteurs   xiii
Sigles et abréviations   xv

	Vue d'ensemble	1
	Introduction	1
	Les six grands facteurs à l'origine du problème des jeunes NSD	2
	En quoi les politiques d'intervention peuvent-elles améliorer la situation des jeunes NSD d'Afrique subsaharienne ?	11
	Point d'entrée 1 : Maintenir les jeunes à risque à l'école	12
	Point d'entrée 2 : Remédiation par l'enseignement formel ou extrascolaire	14
	Point d'entrée 3 : Insertion sur le marché du travail	16
	Notes	18
	Bibliographie	18
Chapitre 1	Les défis stratégiques posés par la jeunesse non scolarisée et déscolarisée d'Afrique subsaharienne	19
	Introduction	19
	Notes	23
	Bibliographie	23
Chapitre 2	Pourquoi les jeunes d'Afrique subsaharienne abandonnent-ils leurs études ?	25
	Introduction	25
	Ampleur de la population de jeunes NSD d'Afrique subsaharienne	26
	Disparités liées au genre	33
	Comparaison entre zones urbaines et zones rurales	36
	Caractéristiques des ménages et jeunesse NSD	40
	Caractéristiques des établissements scolaires	50
	Notes	54
	Bibliographie	55

Chapitre 3	**Caractéristiques communes des pays ayant une forte incidence de non scolarisation et de déscolarisation**	**61**
	Introduction	61
	Dépenses d'éducation en pourcentage du PIB	62
	Part du volume total des dépenses publiques à l'éducation consacrée au cycle secondaire	63
	Scolarisation brute et croissance du taux brut de scolarisation	64
	Investissement dans les infrastructures scolaires	66
	Croissance démographique	67
	Part des travailleurs rémunérés et salariés et précarité de l'emploi	69
	Notes	71
Chapitre 4	**Les voies de retour à l'éducation, formelle ou informelle, ou d'entrée dans la vie active**	**73**
	Introduction	73
	Point d'entrée 1 : Maintenir les jeunes à risque à l'école	76
	Point d'entrée 2 : Remédiation par l'enseignement formel ou extrascolaire	83
	Point d'entrée 3 : Insertion sur le marché du travail	89
	Notes	95
	Bibliographie	96
Chapitre 5	**En quoi les politiques d'intervention peuvent-elles améliorer la situation des jeunes non scolarisés et déscolarisés d'Afrique subsaharienne ?**	**101**
	Introduction	101
	Notes	109
	Bibliographie	109
Appendice A	Résumé des programmes examinés	111
Appendice B	Sources des données	123
Appendice C	Typologies de pays	125
Appendice D	Répartition des jeunes NSD dans certains pays d'Afrique subsaharienne	129
Appendice E	Modèle de régression logistique séquentielle	133
Appendice F	Récapitulatif des résultats de Feda et Sakellariou (2013)	137

Figures

VE.1	Jeunes NSD, par pays et typologie de pays	3
VE.2	Genre et fréquentation scolaire	5
VE.3	Lieu géographique et fréquentation scolaire	6
VE.4	Éducation parentale et fréquentation scolaire	7
VE.5	Emploi des adultes et fréquentation scolaire	9
VE.6	Revenu des ménages et fréquentation scolaire	10
VE.7	Proportion de jeunes qui imputent essentiellement leur abandon à la médiocrité des conditions d'enseignement	11
VE.8	Interaction entre les facteurs clés et les points d'entrée	12
1.1	Jeunes NSD en Afrique subsaharienne : Population et proportion estimées, par cohorte d'âge	20
2.1	Fréquentation scolaire des jeunes de 12 à 24 ans, par pays	27
2.2	Part des jeunes NSD de 12 à 24 ans, par typologie de pays	28
2.3	Part des jeunes NSD, par cohorte d'âge et par typologie de pays	29
2.4	Transitions scolaires chez les jeunes de 15 à 24 ans	31
2.5	Scolarisation tardive et taux d'abandon	32
2.6	Genre et scolarisation des jeunes de 12 à 14 ans	34
2.7	Genre et scolarisation des jeunes de 15 à 24 ans	35
2.8	Disparités liées au genre : Différence de pourcentage de filles et de garçons NSD, par typologie de pays	36
2.9	Incidence marginale du genre sur les résultats en matière de scolarité/travail chez les jeunes filles de 15–24 ans, par rapport aux jeunes hommes du même âge, par typologie de pays	37
2.10	Lieu géographique et fréquentation scolaire des jeunes de 12 à 14 ans	39
2.11	Odds ratios pour diverses transitions, jeunes urbains de 15-24 ans, par typologie de pays	40
2.12	Impact du niveau d'éducation du chef de famille sur la probabilité marginale des jeunes de 12-14 ans de fréquenter l'école, par typologie de pays	42
2.13	Odds ratios pour diverses transitions, jeunes de 15-24 ans	43
2.14	Impact du revenu et de la capacité de gain du ménage sur la probabilité marginale des jeunes de 12-14 ans de fréquenter l'école	44
2.15	Impact du revenu et de la capacité de gain du ménage sur le odds ratios des jeunes de 15-24 ans à diverses transitions	45
2.16	Coût de l'éducation et dépenses d'éducation des ménages	47
2.17	Impact de diverses caractéristiques économiques des ménages sur la probabilité marginale des jeunes de 15-24 ans de fréquenter l'école ou de travailler	49
2.18	Distance des écoles primaires, pour les jeunes NSD	51
2.19	Proportion de jeunes qui imputent principalement leur abandon à la médiocrité des conditions d'enseignement	52

2.20	Redoublants au premier et au second cycle du secondaire	53
3.1	Jeunesse NSD, écart par rapport à la moyenne régionale, par proportion des dépenses d'éducation rapportée au PIB	62
3.2	Jeunesse NSD, écart par rapport à la moyenne régionale, par proportion des dépenses publiques totales à l'éducation consacrées à l'enseignement secondaire	64
3.3	Jeunesse NSD, écart par rapport à la moyenne régionale, par taux brut de scolarisation	65
3.4	Jeunesse NSD, écart par rapport à la moyenne régionale, par croissance du taux brut de scolarisation	66
3.5	Jeunesse NSD, écart par rapport à la moyenne régionale, par proportion d'écoles équipées de toilettes	67
3.6	Jeunesse NSD, écart par rapport à la moyenne régionale, par taux de croissance démographique	68
3.7	Jeunesse NSD, écart par rapport à la moyenne régionale, par proportion de travailleurs rémunérés et salariés	70
3.8	Jeunesse NSD, écart par rapport à la moyenne régionale, par proportion d'emploi précaire	71
4.1	Mesures d'aide en faveur des jeunes NSD	74
5.1	Interaction entre les facteurs clés et les points d'entrée	104
E.1	Transitions scolaires et probabilités correspondantes	134

Tableaux

2.1	Années de transition et taux d'abandon, par année d'étude	30
3.1	Part des dépenses d'éducation rapportée au PIB et jeunesse NSD	62
3.2	Part du volume total des dépenses publiques à l'éducation consacrée au cycle secondaire et jeunesse NSD	63
3.3	Taux brut de scolarisation et jeunesse NSD	65
3.4	Croissance du taux brut de scolarisation et jeunesse NSD	65
3.5	Proportion d'écoles équipées de toilettes et jeunesse NSD	67
3.6	Croissance démographique et jeunesse NSD	68
3.7	Proportion de travailleurs rémunérés et salariés et jeunesse NSD	69
3.8	Emploi précaire et jeunesse NSD	70
4.1	Pays regroupés en fonction de l'obligation d'éducation, par niveau	77
4.2	Récents programmes de transfert de fonds mis en œuvre en Afrique avec une composante d'aide à l'éducation	79
A.1	Résumé des programmes examinés	112
B.1	Année de réalisation des enquêtes et source des données sur les pays d'Afrique subsaharienne	123
C.1	Niveau de revenu des pays d'Afrique subsaharienne	125
C.2	Héritage colonial des pays d'Afrique subsaharienne	126
C.3	Antécédents de conflits dans les pays d'Afrique subsaharienne	126
C.4	Niveau de revenu, héritage colonial et antécédents de conflits des pays d'Afrique subsaharienne	127

D.1	Répartition des jeunes NSD dans certains pays d'Afrique subsaharienne	130
F.1	Classification régionale des 20 pays étudiés	137
F.2	Impact des caractéristiques des ménages sur les décisions de scolarisation des 12-14 ans	137
F.3	Facteurs déterminants de la scolarisation ou du travail chez les 15-24 ans	138
F.4	Facteurs déterminants de la scolarisation des 15-24 ans aux étapes de transition	141

Remerciements

Keiko Inoue et Emanuela di Gropello ont dirigé la préparation de cette étude, sous la supervision de Peter Materu et Sajita Bashir. Le rapport a été rédigé par Keiko Inoue, Emanuela di Gropello, Yesim Sayin Taylor et James Gresham, avec d'importantes contributions de Chelsea Coffin, Kebede Feda et Chris Sakellariou. Himdat Bayusuf, Juan Manuel Moreno et Owen Ozier ont aussi apporté leur concours technique durant les premières phases de rédaction.

Ce rapport d'orientation examine deux questions majeures auxquelles les décideurs africains sont aujourd'hui confrontés : a) les pressions croissantes liées à l'apport d'une éducation secondaire à tous et les arbitrages qu'elles exigent entre expansion, qualité et pertinence ; et b) la problématique plus immédiate de la jeunesse non scolarisée et déscolarisée (NSD). Dans les deux cas, il est essentiel de mieux comprendre les facteurs en cause et les obstacles au passage à chacun des échelons supérieurs, de même que la demande d'éducation secondaire et les compétences recherchées sur le marché du travail actuel et futur. Ce rapport et le travail de diagnostic qui le sous-tend ont pour objet d'approfondir le fondement analytique, de fournir des informations en vue des programmes opérationnels, du dialogue sur les politiques d'intervention et des projets de développement et de s'attaquer ainsi au problème des jeunes NSD.

Le comité de lecture était composé de Cristian Aedo, Ernesto Cuadra et Michel Welmond. L'équipe souhaite en outre remercier les personnes qui ont examiné les premières moutures du rapport, notamment Peter Darvas, Deon Filmer, Kirsten Majgaard, Ana Ruth Menezes et Reehana Raza. Sukhdeep Brar, Jaap Bregman, Helen Craig, Linda English et Margo Hoftijzer ont suggéré des orientations à des étapes critiques de la préparation du rapport, tandis qu'Amy Gautam a fait un excellent travail de rédaction-correction.

Cette étude a pu être réalisée grâce à l'appui financier du Fonds norvégien pour l'enseignement post-primaire et le Fonds multidonateurs pour l'éducation et les compétences, tous deux administrés par la Banque mondiale.

À propos des auteurs

Keiko Inoue, spécialiste senior de l'éducation à la Banque mondiale, a travaillé dans plus de 15 pays d'Asie de l'Est, d'Afrique, d'Amérique latine, d'Europe et d'Asie centrale. Plus récemment, elle a axé ses activités sur la promotion du développement des compétences et le développement harmonieux des jeunes dans les pays à faible revenu, à revenu intermédiaire et dans les pays touchés par un conflit. Au nombre de ses domaines de recherche, citons l'analyse des résultats scolaires en Albanie et au Kazakhstan, tels que mesurés par le Programme international pour le suivi des acquis des élèves (Organisation de coopération et de développement économiques) ; l'étude du financement public au secteur de l'éducation en Albanie et au Libéria ; et les rapports sur la situation du secteur de l'éducation au Libéria et au Rwanda. La présente étude a été mise au point et réalisée alors qu'elle codirigeait l'équipe du programme Éducation secondaire en Afrique.

Emanuela di Gropello est chef de programme au sein de l'Unité de gestion-pays pour le Mali, le Niger et le Tchad. Elle occupait précédemment le poste d'Économiste principale au sein des unités du secteur de l'éducation pour l'Asie de l'Est et l'Amérique latine, où elle a beaucoup travaillé et publié sur les questions de gouvernance, de financement et de compétences. Elle est titulaire d'un doctorat d'économie de l'Université d'Oxford.

Yesim Sayin Taylor est directrice des affaires budgétaires et législatives au Bureau supérieur des affaires financières du District fédéral de Columbia. Elle dirige l'équipe chargée d'évaluer l'impact des projets de loi sur le budget du District fédéral. Elle évalue les propositions ayant une incidence sur les recettes fiscales du District, et témoigne sur ces questions. Yesim a rédigé et publié des ouvrages sur les finances publiques et les politiques fiscales, tant pour le District de Columbia que sur des questions intéressant majoritairement les pays en développement. Plus récemment, elle s'est intéressée aux facteurs qui incitent au départ les résidents du District de Columbia, une zone caractérisée par une importante population transitoire, la cherté du coût de la vie et un assez lourd impôt sur le revenu. Son travail a révélé que la fiscalité ne jouait guère dans la décision de quitter la ville. S'agissant de développement international, Yesim est l'auteur d'études des dépenses publiques à l'éducation et à la santé, elle a réalisé des études de faisabilité pour divers projets et, après la récente crise politique au Mali, elle a rédigé un ouvrage sur les obstacles au développement humain dans ce pays.

James Gresham travaille depuis 2008 comme consultant pour la Banque mondiale. Il a collaboré avec les équipes de la Banque dans le cadre de programmes nationaux et régionaux d'éducation en Afrique, au Moyen-Orient et en Afrique du Nord, en Europe et en Asie de l'Est ainsi qu'à l'Institut de la Banque mondiale. Son expérience est centrée sur les projets d'investissement, l'assistance technique et l'analyse de l'enseignement primaire et secondaire et du développement des compétences chez les jeunes. Titulaire d'une maîtrise en affaires internationales de l'École du service international de l'Université américaine de Washington, DC, il est actuellement doctorant du programme Politiques et stratégies d'éducation de l'Université George Washington.

Sigles et abréviations

ALOZ	Organisation pour l'alphabétisation des adultes du Zimbabwe
ASAMA	*Asa Sekoly Avotra Malagasy*, Action scolaire d'appoint pour les adolescents malgaches (Madagascar)
BEUPA	Éducation de base dans les zones urbaines pauvres (Ouganda)
COBET	Éducation de base complémentaire en Tanzanie
COPE	Prise en charge des pauvres (Nigéria)
DFID	Agence britannique pour le développement international
LRA	Armée de résistance du seigneur (Ouganda)
LSMS	Étude sur l'évaluation des niveaux de vie
MICS	Enquête par grappes à indicateurs multiples
NSD	Non scolarisé et déscolarisé
ONG	Organisation non gouvernementale
PIB	Produit intérieur brut
PNUD	Programme des Nations Unies pour le développement
STEP	Programme d'acquisition de compétences et de formation à l'entreprenariat (Ghana)
UNESCO	Organisation des Nations Unies pour l'éducation, la science et la culture
USAID	Agence des États-Unis pour le développement international

Vue d'ensemble

Introduction

Pour les 89 millions de jeunes non scolarisés et déscolarisés (NSD), soit près de la moitié de tous les jeunes d'Afrique subsaharienne, les perspectives économiques et sociales sont consternantes. Dans les dix prochaines années où cette cohorte composera l'essentiel de la population active, 40 autres millions de jeunes auront probablement quitté l'école pour se retrouver confrontés à un avenir incertain, sans travail et sans compétences pratiques. Faute d'aptitudes, ils ne pourront avoir accès à des emplois décents dans des métiers attirants, ce qui se traduira par l'insuffisance et la précarité de leurs revenus et les exposera certainement à de longues périodes de chômage. Les effets pervers de leur manque d'instruction se feront également sentir sur la génération suivante, car ils ne pourront pas offrir des conditions favorables à leurs propres enfants du fait de leur propre instabilité économique. La société tout entière sera impactée : la croissance économique restera poussive, limitant ainsi les possibilités de mobilisation de recettes publiques, tandis que les dépenses publiques nécessaires pour aider ces jeunes ne feront probablement qu'augmenter, étant donné qu'ils seront tributaires des systèmes de santé publics, des régimes de protection sociale ou de l'aide au logement. Ces jeunes vivront aussi moins longtemps que leurs pairs instruits, seront probablement parents avant l'heure, sombreront dans la délinquance et ont globalement peu de chance d'élever des enfants en santé, de s'engager dans l'action citoyenne, de voter ou de travailler comme bénévoles au sein de leur communauté.

Les chances de venir à bout de ce problème stratégique s'amenuisent à mesure que grossit la cohorte de jeunes NSD. Alors que les pays d'Asie de l'Est sont parvenus à transformer ce déferlement de jeunes en un instrument de croissance, l'Afrique subsaharienne risque fort d'être confrontée à une catastrophe économique et sociale potentiellement explosive. Les efforts engagés pour s'attaquer au problème des jeunes NSD doivent être multisectoriels et appuyés au plus haut niveau. Or, la réalité est que ces jeunes sont souvent les laissés-pour-compte des politiques d'intervention, et évoluent dans un no man's land caractérisé par la rareté des données requises pour bâtir un cadre de promotion fondé sur des éléments concrets, de faibles moyens de mise en œuvre, un manque d'intérêt pour la pérennité des programmes, une insuffisance de financements et un défaut de coordination entre les entités publiques — notamment les ministères du travail, de l'éducation et des services sociaux — qui sont en partie responsables de ces jeunes. L'intérêt porté à la question par les organisations internationales de développement, dont la Banque mondiale, est lui aussi fragmentaire. Le continent est enlisé dans des programmes jeunesse lancés en fanfare, mais qui ont fait long feu quand les résultats escomptés ne se sont pas immédiatement matérialisés, ou qui ont brutalement cessé à l'épuisement des financements (souvent extérieurs). Il est donc essentiel de porter cette question au plus haut niveau politique, là où réside le pouvoir d'allouer des fonds et des ressources humaines suffisantes pour mettre au point, exécuter, évaluer et maintenir des interventions.

Dans le but d'étayer la conception de stratégies mieux adaptées, ce rapport examine les facteurs clés à l'origine de la problématique des jeunes NSD, et met plus particulièrement l'accent sur la cohorte des 12-24 ans, à savoir les tranches d'âge les plus susceptibles d'abandonner pendant le cycle secondaire[1]. Rien d'étonnant à ce que l'on trouve de fortes corrélations entre les caractéristiques socio-économiques et démographiques d'un pays et l'ampleur de la population de jeunes NSD. Ces facteurs font ici l'objet d'un examen détaillé rapport. En outre, le problème a une moindre incidence dans les pays qui consacrent une part importante de leur produit intérieur brut (PIB) à l'éducation et qui allouent à l'enseignement secondaire une bonne part des crédits publics à l'éducation. Les jeunes, notamment les plus jeunes, bénéficient de l'existence d'établissements scolaires adéquats. De plus, la jeunesse NSD est plus prévalente dans les pays ayant une forte croissance démographique. Enfin, quand le marché du travail formel est bien développé et qu'il existe des possibilités d'emplois stables, les jeunes (ou leurs parents) sont davantage susceptibles de privilégier les études plutôt que le travail. Lorsqu'une forte proportion d'actifs dispose d'emplois salariés, les jeunes ont tendance à rester à l'école, un rappel de l'étroite interconnexion entre les politiques d'éducation et d'emploi et le climat général des affaires.

Ce rapport s'inspire de trois documents de fond ainsi que d'un examen approfondi des études publiées sur les programmes et politiques d'intervention concernant les jeunes NSD d'Afrique subsaharienne (voir l'Appendice A) et d'autres régions du monde. Les études de fond comprennent un récapitulatif des indicateurs de base sur la question, une analyse diagnostique de l'ampleur et de la nature du problème dans la région, ainsi qu'un modèle économétrique de la scolarité de la maternelle aux cycles supérieurs. Les deux premières études exploitent des données d'enquêtes auprès des ménages et d'enquêtes sur le marché du travail, réalisées entre 2006 et 2011 dans 31 pays d'Afrique. L'étude économétrique est fondée sur des données d'enquêtes auprès des ménages concernant 20 pays de la région (voir les appendices E et F). Bien que tous les pays de la région ne soient pas traités, ces études contiennent des données pour une majorité de pays bien représentatifs de la région.

Les six grands facteurs à l'origine du problème des jeunes NSD

Ce rapport décortique les facteurs qui incitent les jeunes à poursuivre leur scolarité et à privilégier les études ou le travail. Il met en évidence six facteurs majeurs que les décideurs doivent examiner : a) la plupart des jeunes abandonnent avant le secondaire ; b) la précocité du mariage est un énorme obstacle à l'éducation des jeunes filles ; c) le fait de vivre en zone rurale accroît systématiquement les probabilités de ne pas être scolarisé ; d) le niveau d'éducation des parents et e) le nombre d'adultes qui travaillent au sein du ménage sont des facteurs importants ; et f) en termes d'offre, la difficulté d'accès à l'école et la médiocrité de l'enseignement sont des contraintes majeures.

Vue d'ensemble 3

1. Des jeunes toujours plus nombreux ne sont jamais inscrits à l'école ou la quittent avant d'atteindre le secondaire. Dans les pays ayant une forte population de jeunes NSD, nombreux sont ceux qui n'ont jamais mis les pieds à l'école. Plus de la moitié des 12-24 ans ne fréquentent pas l'école, et un sur cinq n'y a jamais été inscrit. Le problème est généralisé dans les pays à faible revenu, les pays francophones (qui sont souvent des pays à faible revenu) et les États fragiles ou touchés par un conflit (voir la figure O.1 et l'appendice C).

2. Le mariage précoce a des effets préjudiciables sur l'éducation des jeunes filles. Elles sont déjà plus fréquemment privées d'école primaire et, même lorsqu'elles achèvent leur scolarité primaire, elles ont bien moins de chance de passer au secondaire, surtout dans les pays qui manquent d'écoles. L'attitude et les attentes

Figure VE.1 Jeunes NSD, par pays et typologie de pays

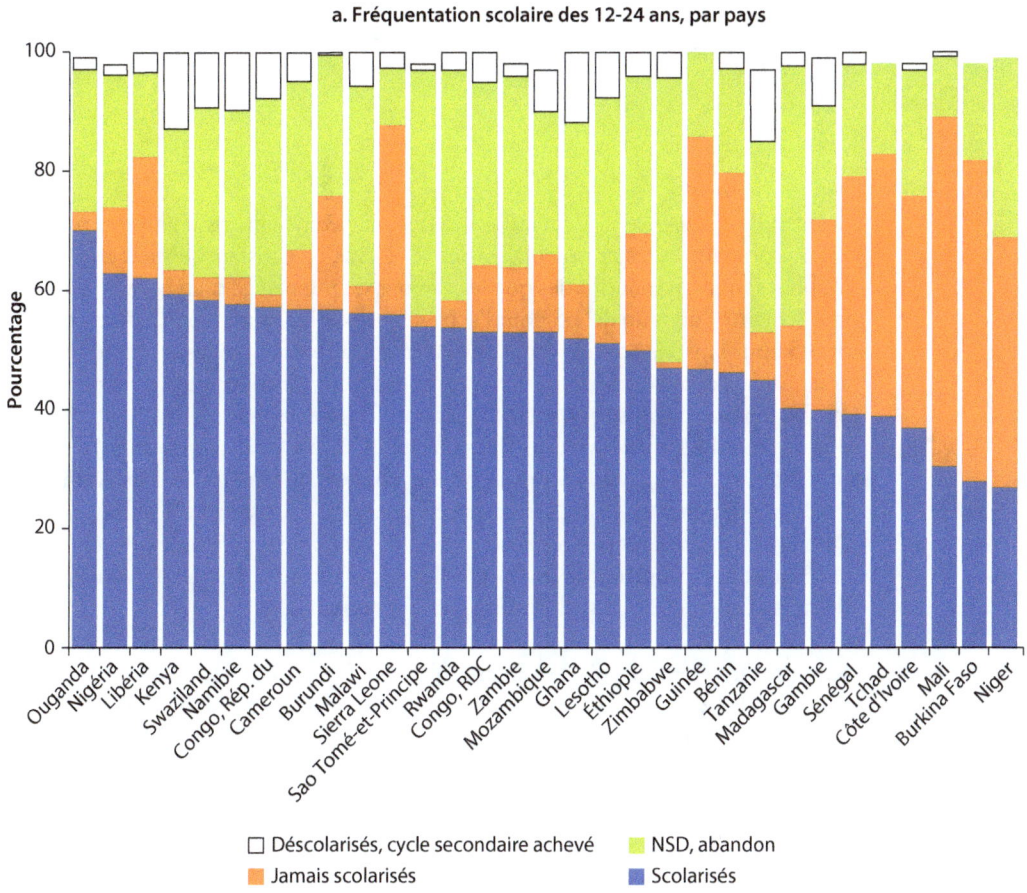

Note : Dans certains cas, le total des chiffres ne représente pas 100 % en raison de données manquantes.

Suite de la figure page suivante

Figure VE.1 Jeunes NSD, par pays et typologie de pays *(suite)*

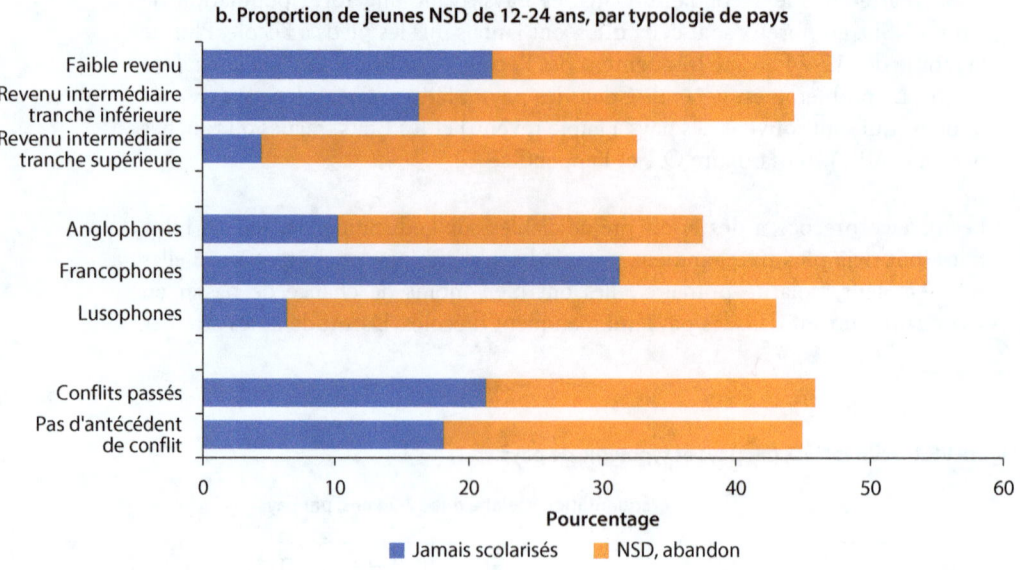

b. Proportion de jeunes NSD de 12-24 ans, par typologie de pays

Sources : Estimations fondées sur diverses enquêtes auprès des ménages.

des familles influencent la scolarité des filles plusieurs années avant leur mariage. Si l'on compare les résultats scolaires des 15-24 ans, on constate qu'une fois mariées, les filles sont bien moins loties que les garçons de même âge d'un bout à l'autre de leur scolarité : un ratio de 1:5 pour l'achèvement de la scolarité primaire et un ratio de 3:5 pour l'inscription au secondaire (voir la figure VE.2). Elles sont plus souvent amenées à s'occuper de travaux domestiques ou à travailler qu'à poursuivre des études (en travaillant simultanément ou non) et, là encore, ces effets sont d'autant plus perceptibles chez les jeunes filles mariées. L'impact du mariage se fait d'autant plus sentir dans les pays où l'on a de bonnes chances de faire des études. Ainsi, dans les pays anglophones où les systèmes scolaires sont plus souples, les filles de 15 à 24 ans déjà mariées sont plus susceptibles de travailler que les garçons de même âge, dans une proportion de 30 %, et elles ont 36 % de chances de moins que ces derniers d'aller à l'école sans devoir travailler en parallèle.

3. Il est plus fréquent de voir des enfants ne jamais fréquenter l'école ou être déscolarisés dans les zones rurales que dans les villes (voir la figure VE.3). Dans la région, sept jeunes ruraux sur dix ne sont jamais allés à l'école. Dans la cohorte des plus

Figure VE.2 Genre et fréquentation scolaire

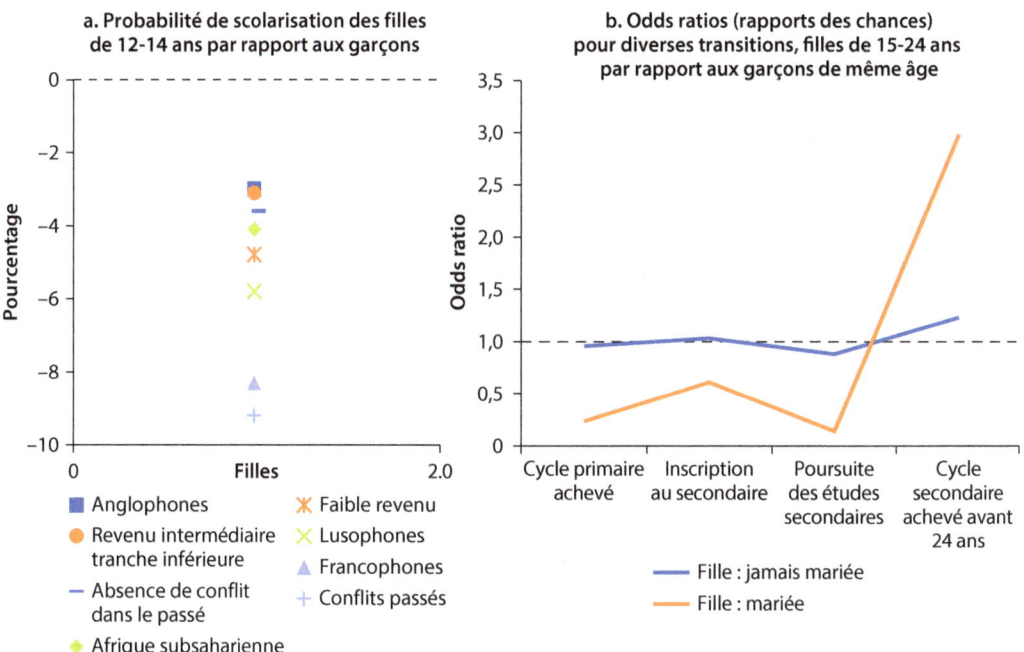

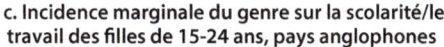

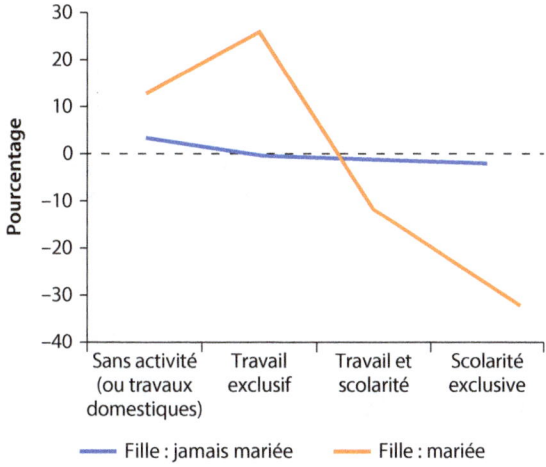

Source : Feda et Sakellariou 2013.
Note : La ligne pointillée horizontale signifie que pour un odds ratio (rapport des chances) de 1, la probabilité est la même pour les groupes comparés.

jeunes (les 12-14 ans), la probabilité d'aller à l'école est 8 % supérieure chez les jeunes des villes que chez ceux des campagnes, un effet d'autant plus marqué dans les pays où l'offre est insuffisante (comme les pays francophones et ceux touchés par un conflit). Les jeunes qui bouclent leur scolarité primaire et continuent au secondaire sont plus nombreux en zone urbaine qu'en zone rurale, mais cette disparité entre les villes et les campagnes s'amenuise chez les jeunes inscrits dans un établissement d'enseignement secondaire : la probabilité qu'ils continuent de fréquenter l'école et achèvent leur éducation secondaire à 24 ans est à peine supérieure chez les jeunes urbains. De manière générale, les jeunes des villes se consacrent plus exclusivement à leurs études que ceux des campagnes dont la scolarité est souvent associée au travail et aux tâches domestiques.

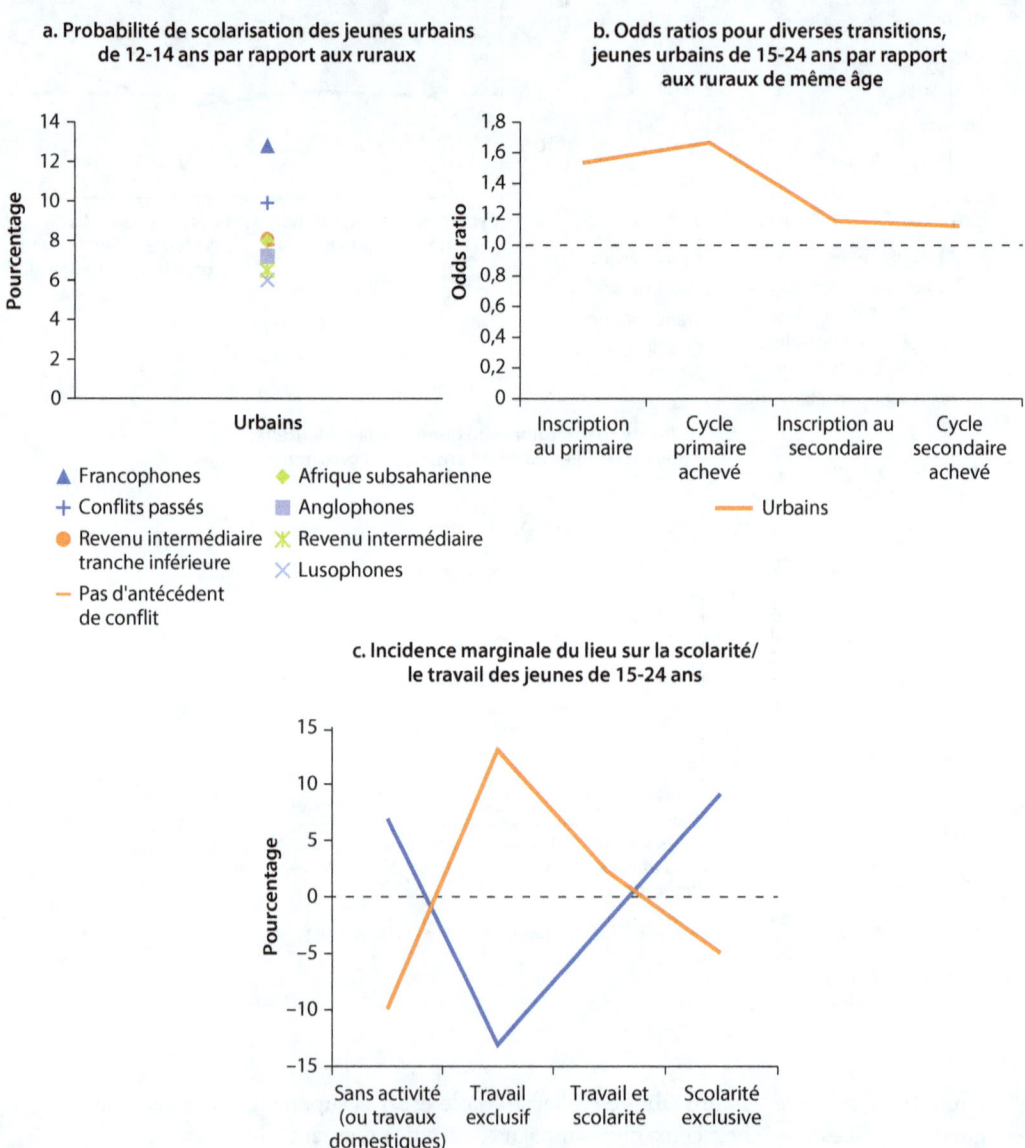

Figure VE.3 Lieu géographique et fréquentation scolaire

Source : Feda et Sakellariou 2013.
Note : La ligne pointillée horizontale signifie que pour un odds ratio de 1, la probabilité est la même pour les groupes comparés.

Vue d'ensemble

4. Le niveau d'éducation des parents est le facteur prépondérant qui détermine les choix en matière de scolarité. L'analyse confirme l'existence d'une « transmission » en ce sens que scolarité et qualité de vie sont corrélées d'une génération à l'autre. Les parents qui ont achevé leurs études secondaires, voire supérieures, sont bien plus enclins à maintenir leurs enfants au secondaire et à les inciter à ne pas abandonner. Les 12–14 ans issus de foyers où le chef de famille a mené ses études secondaires à terme sont 20 % plus susceptibles d'être scolarisés que ceux de ménages dont le chef est peu ou pas du tout instruit (voir la figure VE.4). Ce constat est particulièrement visible dans les pays francophones (avec une probabilité de fréquenter l'école supérieure de plus de 25 %). Chez les plus âgés, la probabilité d'achever sa scolarité avant l'âge de 24 ans est deux fois plus élevée chez les jeunes provenant de ménages où le chef de famille a au moins terminé ses études secondaires, que chez ceux dont les parents n'ont pas d'instruction (voir la figure VE.4).

Figure VE.4 Éducation parentale et fréquentation scolaire

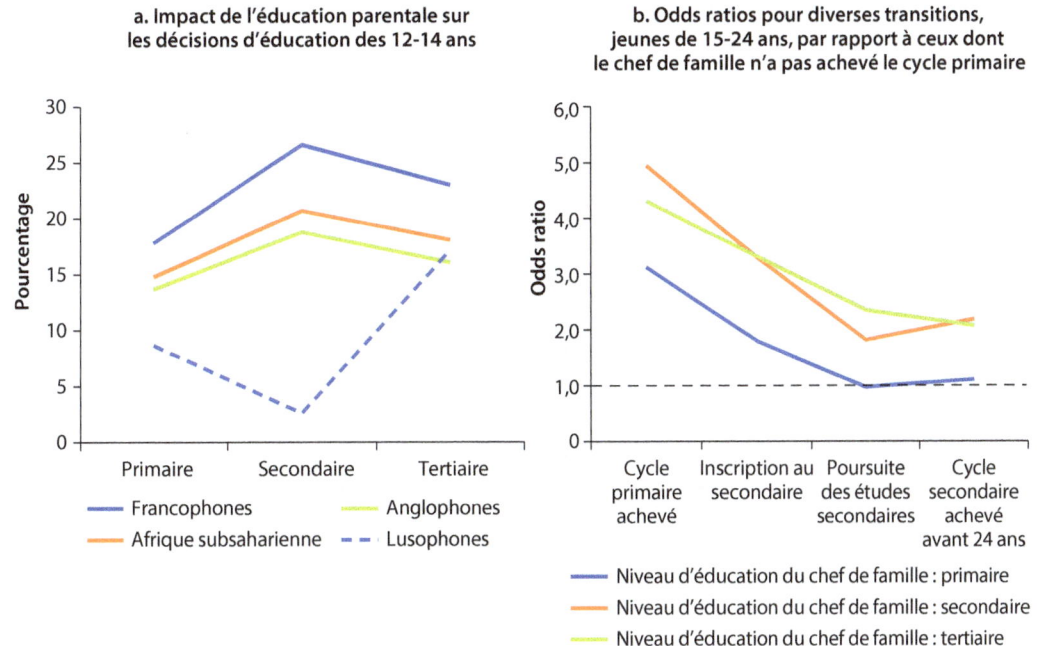

Source : Feda et Sakellariou 2013.

Après la prise en compte du niveau d'éducation parentale, la capacité de gain du ménage (mesurée d'après le nombre d'adultes en activité), et non son niveau de revenu, est le facteur qui influe le plus sur les choix en matière de scolarité et la décision de privilégier l'étude ou le travail. Chez les plus jeunes, même si le ménage ne compte qu'un adulte en activité, la probabilité d'aller à l'école s'accroît de 14 %, et passe à 21 % lorsque deux adultes ont un travail (voir la figure VE.5). La capacité de gain joue un rôle d'autant plus déterminant dans les pays où les résultats scolaires sont plutôt satisfaisants, par exemple les pays à revenu intermédiaire tranche inférieure et les pays anglophones (à la différence de l'impact des revenus qui est plus marqué dans les pays où l'offre est insuffisante). De même, les 15-24 ans vivant dans un ménage où les adultes travaillent sont bien plus susceptibles d'achever leur scolarité primaire, de s'inscrire au secondaire et de faire preuve d'assiduité : le odds ratio de terminer des études secondaires est de 2:1 quand un adulte a un travail. En outre, la capacité de gain du ménage détermine les priorités des jeunes : si les adultes du ménage sont en activité, les jeunes ont tendance à se concentrer sur leurs études plutôt qu'à envisager de travailler. La présence d'un ou de deux adultes en activité (plutôt qu'aucun) réduit de 15 à 18 % la probabilité qu'un jeune travaille au lieu d'étudier, et accroît de 14-15 % les chances qu'il soit scolarisé sans avoir besoin de travailler. Ce dernier effet peut atteindre jusqu'à 30 % dans le sud de l'Afrique subsaharienne. Ce constat vient encore souligner la solidité des liens entre le marché du travail et l'éducation. Les familles où les adultes travaillent ont les moyens de financer la scolarité de leurs enfants, mais l'intégration avec le marché du travail est aussi là pour constamment rappeler l'importance du développement des compétences (figure VE.5).

Cela ne signifie pas pour autant que le niveau des revenus du ménage n'a pas son rôle à jouer, car ce facteur conserve toute son importance, même s'il compte davantage dans certains groupes que dans d'autres. Pour les 12-14 ans, l'impact du revenu se fait surtout sentir dans les ménages à revenu intermédiaire et tout particulièrement dans les pays où les résultats d'éducation sont médiocres, tels que les pays francophones et ceux à faible revenu (voir la figure VE.6). Dans la cohorte des 15-24 ans, le revenu influence considérablement la décision de s'inscrire au secondaire, mais l'importance de ce facteur décroît lorsqu'il s'agit de décider de poursuivre sa scolarité et d'achever le secondaire avant 24 ans. Dans cette dernière transition, il n'y a pas de différence perceptible entre les jeunes issus des ménages les plus pauvres et ceux de ménages ayant des revenus des deuxième et troisième quintiles (figure VE.6).

Figure VE.5 Emploi des adultes et fréquentation scolaire

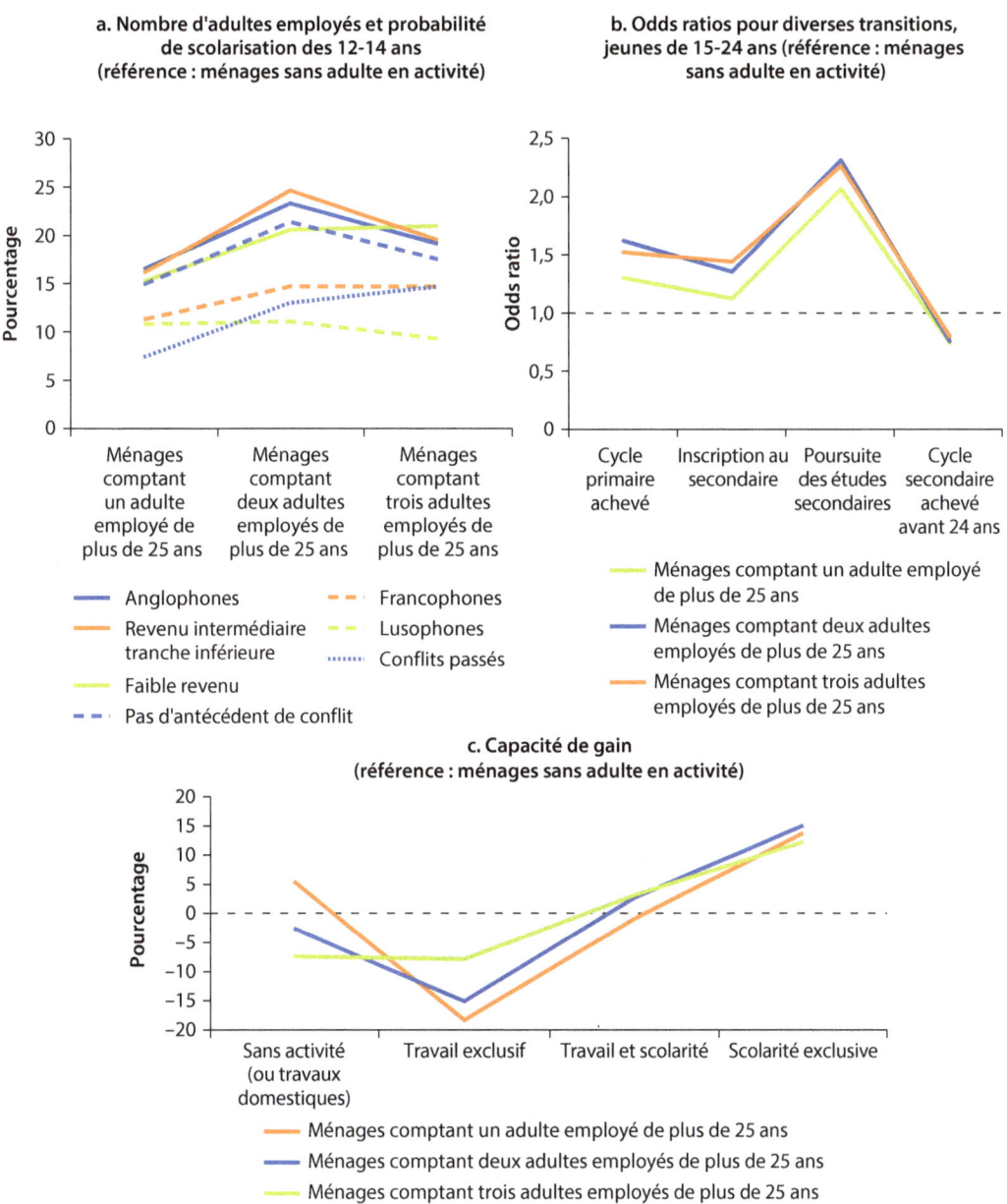

Source : Feda et Sakellariou 2013.
Note : La ligne pointillée horizontale signifie que pour un odds ratio de 1, la probabilité est la même pour les groupes comparés.

Figure VE.6 Revenu des ménages et fréquentation scolaire

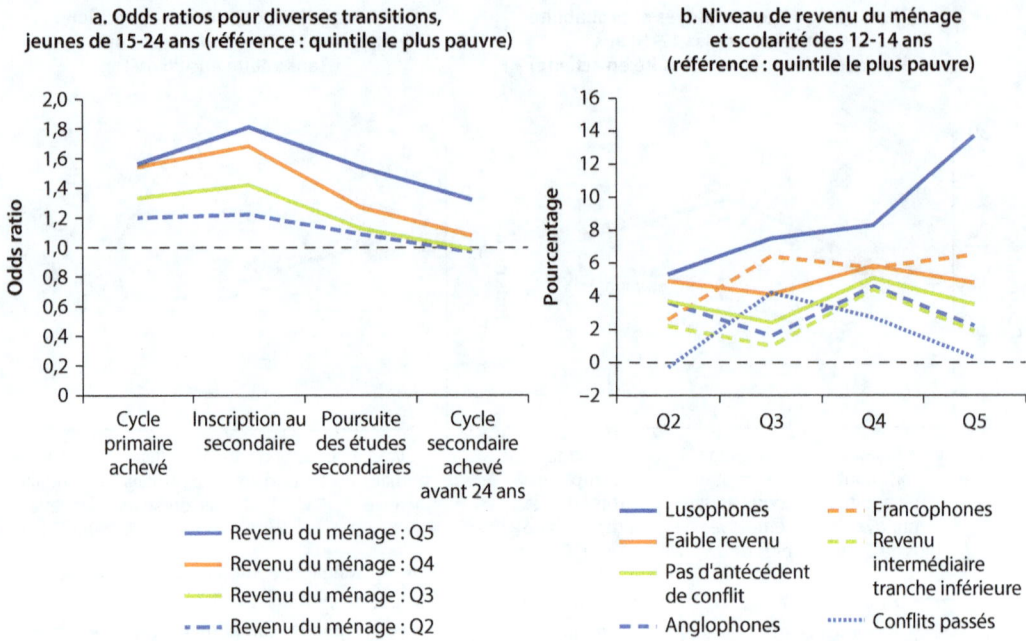

Source : Feda et Sakellariou 2013.
Note : Q = quintile. La ligne pointillée horizontale signifie que pour un odds ratio de 1, la probabilité est la même pour les groupes comparés.

5. Le manque d'instruction et la médiocrité de l'enseignement scolaire amplifient l'effet des problèmes liés à la demande sur les choix de scolarité. L'accès à l'école est un problème majeur dans les communautés rurales pauvres où des facteurs, tels que la distance, les conditions d'entrée et les examens en fin de cycle peuvent être rédhibitoires. Dans les campagnes où les écoles sont souvent très éloignées, les parents ne scolarisent pas leurs enfants, garçons ou filles, parce qu'ils craignent pour leur sécurité. Ils sont aussi nombreux à les sortir de l'école parce qu'ils pensent qu'ils ne pourront pas poursuivre au secondaire. Leurs décisions tiennent aussi à la qualité de l'enseignement, surtout à mesure que les jeunes grandissent (voir la figure VE.7). La médiocrité de l'enseignement et l'absence de motivation sont des facteurs déterminants qui pèsent sur l'avancement et les progrès des élèves. Ces facteurs sont exacerbés par d'autres éléments touchant à l'administration des écoles, comme le manque d'objectifs clairs et rigoureux : les élèves qui abandonnent leurs études considèrent que les enseignants ne s'intéressent pas à eux et tiennent la discipline scolaire pour inefficace et injuste. De même, les élèves sont plus susceptibles de démissionner quand les enseignants sont régulièrement absents ou que les écoles ignorent les besoins et usages locaux (comme les croyances religieuses), ne rendent pas compte aux parents ou aux étudiants ou quand elles manquent du confort minimum (eau potable et toilettes par exemple) (figure VE.7).

Figure VE.7 Proportion de jeunes qui imputent essentiellement leur abandon à la médiocrité des conditions d'enseignement

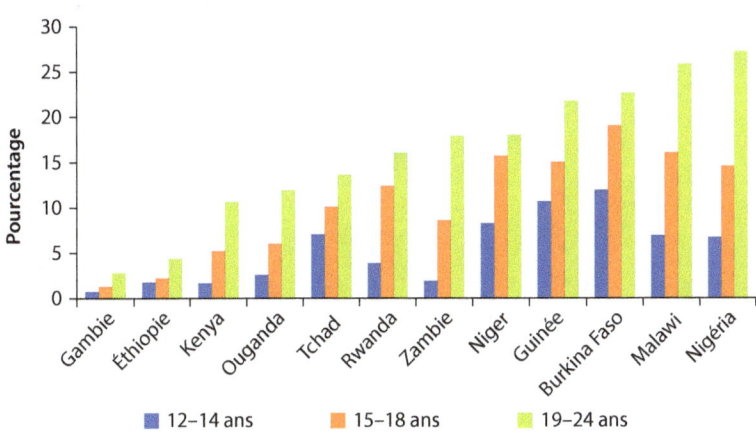

Source : Gresham 2013.

En quoi les politiques d'intervention peuvent-elles améliorer la situation des jeunes NSD d'Afrique subsaharienne ?

Pour aboutir, les programmes en faveur des jeunes NSD doivent s'attaquer à trois grandes difficultés : la rétention, la remédiation et l'insertion. Maintenir les jeunes à risque dans le système scolaire exige des programmes destinés à corriger un assemblage d'obstacles touchant à l'offre et la demande. Améliorer la qualité de l'enseignement et l'accès à l'éducation, et définir les conditions d'octroi de bourses, d'enveloppes financières ou de transferts d'espèces sont des aspects incontournables pour l'efficacité des programmes visant à améliorer les taux de rétention. La remédiation suppose d'identifier les jeunes les plus susceptibles de mener à bien des programmes de rattrapage, pour ensuite élaborer des programmes axés sur le développement des capacités cognitives, techniques et pratiques. Les programmes d'insertion doivent préparer les jeunes à s'intégrer sur le marché du travail — principalement informel — d'Afrique subsaharienne, et doivent donc être ciblés, décentralisés et coordonnés à tous les niveaux de mise en œuvre.

Il n'y a pas de solution stratégique simple au problème de l'abandon scolaire, pas plus qu'aux difficultés posées par la rétention, la remédiation et l'insertion des jeunes. En termes de demande, les facteurs qui semblent influer le plus sur les décisions d'éducation (tels que précocité du mariage, vie rurale, manque d'instruction des parents et incapacité des parents à trouver du travail) témoignent d'autres problèmes sociaux, et ne peuvent donc pas être résolus au moyen de mesures isolées d'appui aux jeunes NSD. Du côté de l'offre, l'enseignement secondaire est coûteux, tandis que les programmes d'enseignement extrascolaire et de formation professionnelle se heurtent à une rude concurrence pour l'obtention de crédits publics et de financements extérieurs. Il est très probable que les programmes multisectoriels ciblés soient les plus appropriés pour corriger les principaux problèmes tenant à l'offre et à la demande.

Les discussions stratégiques sur le problème de la non scolarisation et de la déscolarisation ont pour cadre les six grands facteurs qui caractérisent ces jeunes et

Figure VE.8 Interaction entre les facteurs clés et les points d'entrée

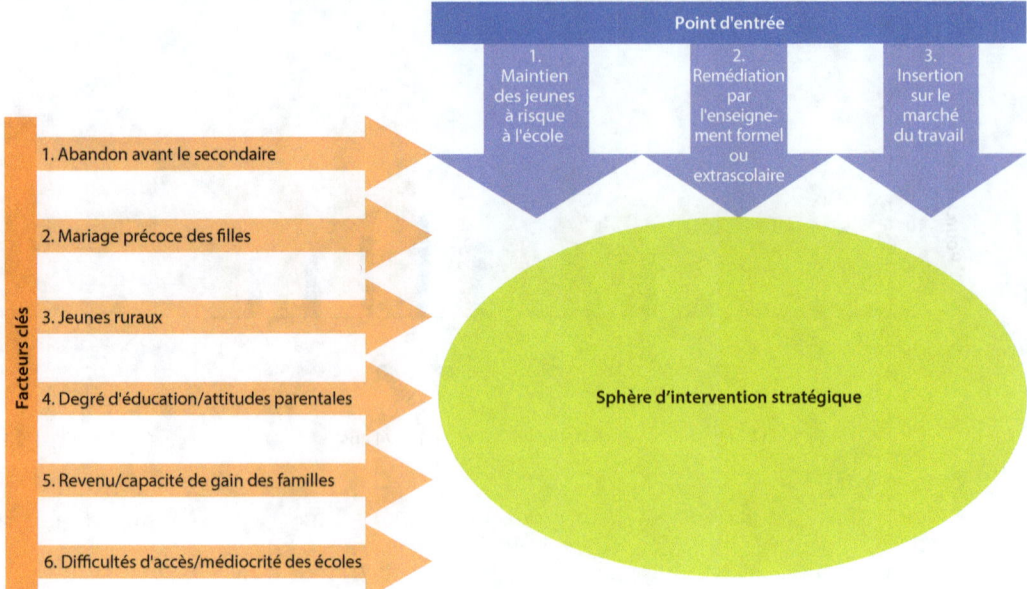

les trois points d'entrée que sont la rétention, la remédiation et l'insertion (voir la figure O.8). Ce cadre permet de formuler des recommandations sur les trajectoires d'action qu'il semble falloir privilégier pour différents sous-groupes et dans différentes typologies de pays globalement confrontés aux mêmes problèmes d'offre. Il peut aussi servir de trame à l'examen des mesures à court terme qu'il faut engager dès aujourd'hui pour préparer les jeunes au travail, et à la conception des stratégies à plus long terme destinées à favoriser la scolarisation des jeunes et à réduire les taux d'abandon. Ces recommandations n'ont rien de prescriptif, et doivent plutôt être vues comme un récapitulatif des conclusions de l'analyse régionale, souplement adaptées aux différentes interventions examinées dans le présent rapport.

Point d'entrée 1 : Maintenir les jeunes à risque à l'école

Pour les jeunes qui fréquentent l'école, les mesures à mettre en place de toute urgence consistent à prévenir leur abandon. Comme ils tendent à quitter l'école avant l'entrée au secondaire, les mesures de rétention doivent être engagées avant cette échéance. Il est souvent plus rentable d'intervenir précocement, car les facteurs qui poussent les étudiants à abandonner au secondaire ne cessent de gagner en intensité : les lacunes se sont aggravées, les difficultés financières se sont amplifiées (le travail des adolescents est mieux payé), les exigences familiales (telles que le travail et le mariage) deviennent plus pesantes, et l'offre se raréfie du fait que le coût de l'enseignement secondaire est supérieur à celui du primaire.

À ce niveau, la difficulté majeure est de déterminer la bonne combinaison de mesures de rétention. Les interventions visant à s'attaquer à une cause majeure d'exclusion risquent d'en exacerber d'autres. Par exemple, l'éducation secondaire obligatoire ou gratuite a effectivement fait grimper les taux d'inscription scolaire dans la région, mais a parallèlement tiré la qualité à la baisse et détérioré les normes académiques, ce qui a eu un effet dépresseur. Les programmes de bourses et d'aides financières doivent être couplés à une information des familles et des jeunes sur les avantages à tirer de l'achèvement du cycle secondaire.

Les subventions ou incitations en espèces devraient être les moyens privilégiés pour venir en aide aux étudiants démunis, mais désireux de poursuivre leurs études. Les transferts de fonds, assortis ou non de conditions contraignantes, sont le moyen le plus simple d'assurer la stabilité financière des ménages. Les programmes de transferts de fonds se sont instantanément traduits par une amélioration notable des résultats d'éducation. Les transferts sans condition se sont révélés plus efficaces chez les familles à revenu intermédiaire, notamment dans les pays où l'offre d'éducation est très limitée. D'un point de vue politique, il pourrait s'avérer délicat d'en faire bénéficier des familles un peu plus aisées (en raison des conflits potentiels avec d'autres mesures d'éducation et de protection sociale), tandis que des subventions générales à l'éducation, sous forme de réduction des frais de scolarité, pourraient faire toute la différence[2]. Plutôt que de limiter ces allocations aux ménages les plus pauvres, chez qui de nombreux facteurs hors revenus influent sur la scolarité[3], les pouvoirs publics pourraient tenter d'en faire profiter tous les ménages jusqu'aux familles à revenu intermédiaire. Par ailleurs, la prise en charge des frais de scolarité des écoles privées pourrait bien être le moyen le plus simple et le plus rentable de développer l'enseignement secondaire en Afrique subsaharienne où les établissements privés sont en pleine expansion.

Pour améliorer les taux de rétention, les pouvoirs publics doivent aussi engager au plus vite des interventions peu coûteuses destinées à améliorer la qualité de l'enseignement (par exemple des cours de rattrapage) et des infrastructures (au moyen de travaux d'amélioration de faible coût). Les ménages indiquent que la qualité de l'enseignement pèse beaucoup dans les décisions des grands adolescents, tandis que chez les plus jeunes et lors des transitions précoces, les taux d'abandon pourraient être réduits en développant l'intérêt des enseignants et en offrant des cours de rattrapage. Les jeunes bien encadrés par leurs enseignants sont davantage motivés à poursuivre et, parallèlement, les enseignants qui attendent peu de leurs classes ou se désintéressent des élèves en difficulté contribuent à leur abandon. La formation des enseignants en milieu communautaire et les programmes visant à développer la participation des parents à la gestion des écoles, comme ceux mis en place au Mali et en Ouganda, peuvent favoriser une prise de conscience de la part des enseignants. On en voit des exemples toujours plus nombreux dans des interventions simples mises en œuvre sur l'ensemble du continent, comme le programme d'éducation des filles en Érythrée où les cours de soutien ont permis d'améliorer les taux de passage en classe supérieure.

À plus long terme, les interventions précoces — qu'elle qu'en soit la nature et notamment en rapport avec le développement de la petite enfance — pourraient bien être le moyen de prévention le plus rentable et le plus efficace pour réduire le nombre de jeunes NSD. Les jeunes qui commencent leur scolarité tardivement risquent davantage d'abandonner, sans compter que ces inscriptions tardives témoignent par elles-mêmes d'autres problèmes liés à la demande, tels que la pauvreté et le peu d'intérêt pour l'éducation. Il est prouvé que les programmes de développement de la petite enfance réduisent l'incidence ultérieure des abandons, essentiellement parce qu'ils favorisent la scolarisation en temps voulu et qu'ils incitent les parents à privilégier l'éducation plutôt que le travail ou le mariage (pour les filles).

Point d'entrée 2 : Remédiation par l'enseignement formel ou extrascolaire

Pour les jeunes déjà déscolarisés, l'enseignement extrascolaire, comme les programmes d'équivalence, est probablement le moyen le plus efficace pour les inciter à reprendre et à achever leurs études. Les dispositifs qui donnent les meilleurs résultats sont ceux qui proposent de multiples points d'entrée et de sortie, en étroite collaboration avec le secteur de l'éducation formelle. Les deux facteurs prépondérants pour la mise en place de programmes nationaux d'enseignement extrascolaire sont la coordination entre l'administration centrale et les entités infranationales (autorités régionales, communautés, collectivités locales et autres intervenants) et la pérennité des financements. Les dispositifs de proximité sont particulièrement utiles lorsqu'ils visent simultanément le développement des compétences cognitives et techniques, des compétences nécessaires à la vie quotidienne et l'encadrement des jeunes NSD. Quand ils sont aux prises avec des problèmes de survie, confrontés à la faim ou sans abri, les jeunes marginalisés n'ont guère la possibilité de tirer parti de ces programmes de formation. Pour surmonter ces obstacles, les formations aux compétences pratiques doivent prévoir des aides, tels que des garderies pour les jeunes déjà parents, des allocations pour couvrir les dépenses de transport et autres coûts essentiels et des soins de santé pour s'assurer que les jeunes soient en bonne forme physique et mentale. Pareille action ne peut être menée sans l'appui général des entités publiques, tous secteurs confondus. Enfin, les programmes de remédiation cessent fréquemment par manque de financement ou parce qu'ils ne sont pas en mesure de contraindre les jeunes à suivre les cours proposés jusqu'au bout. Il faut donc entreprendre des évaluations rigoureuses, d'abord pour réunir davantage d'informations sur le profil des jeunes les plus susceptibles d'achever les cours de remédiation, et aussi pour développer le rapport coût-efficacité de ces programmes.

Les programmes dits de la « seconde chance » s'adressent surtout aux jeunes qui ont été exclus du système avant d'arriver au secondaire. D'après les estimations, 33 % des jeunes de la région n'atteignent jamais le secondaire ; les proportions sont particulièrement élevées dans les pays francophones (57 %), les pays fragiles et ceux qui ont été ravagés par des conflits (48 %). Les programmes de rattrapage donnent parfois des résultats rapides et encouragent les jeunes à poursuivre leur éducation formelle au secondaire. Ceux qui n'ont jamais fréquenté l'école peuvent être facilement persuadés de le faire s'ils tombent sur le bon programme. Les programmes de la seconde chance mis en œuvre à Madagascar, en Ouganda et au Zimbabwe ont donné d'excellents résultats grâce à un enseignement allégé. Les pays à faible revenu, les pays francophones et les pays qui ont été en proie à des conflits, où les taux d'abandon sont particulièrement élevés, ont désespérément besoin de cette seconde chance.

À plus long terme, limiter le problème de la non scolarisation et de la déscolarisation suppose obligatoirement d'éliminer les obstacles à l'entrée dans le secondaire. Même pour les élèves qui achèvent leur scolarité primaire, l'inscription au secondaire peut être problématique faute d'écoles de qualité. Les pays où l'enseignement secondaire est obligatoire ont vu les taux d'inscription grimper en flèche, mais dans la plupart des cas au détriment de la qualité. Une mesure intermédiaire pourrait être de prolonger le cycle primaire de quelques années, ce qui contribuerait à enrayer la détérioration de la qualité, tout en limitant le nombre d'abandons. Les pays pourraient ainsi exploiter à plein les infrastructures physiques et le corps enseignant du primaire, notamment dans les zones rurales. Cela permettrait aussi de repousser de quelques années le point normal de sortie.

Qu'ils aient pour but de maintenir les jeunes à l'école ou de les inciter à y retourner, tous les programmes doivent informer les parents — surtout ceux qui ont de jeunes enfants — et s'appuyer sur leur participation. Le niveau d'éducation parentale et l'attitude des parents face à l'éducation sont les facteurs qui influencent le plus la scolarité et le travail des jeunes, surtout aux transitions d'entrée et de sortie du primaire. Des parents qui n'ont guère de débouchés ont tendance à sous-estimer l'importance de l'éducation. L'effet du niveau d'instruction parentale sur l'éducation secondaire est particulièrement marqué dans les pays affichant de bons résultats d'éducation, comme les pays à revenu intermédiaire de la tranche inférieure et les pays anglophones, où les parents sont généralement plus nombreux à avoir achevé leurs études secondaires. Le Mali, la Guinée et l'Ouganda ont mis en place des systèmes de proximité pour développer l'éducation des parents et exiger leur participation à la gestion des écoles. En exploitant la culture de soutien mutuel qui prévaut dans ces pays, ces programmes ont contribué à favoriser l'implication des parents et leur participation à la vie citoyenne ; à améliorer l'assiduité des élèves ; et à réduire les taux d'abandon, les violences familiales et les mariages précoces. La participation des parents à la gestion des écoles peut aussi conduire à des améliorations notables, même mineures, apportées aux installations et équipements scolaires. En Guinée par exemple, le programme de participation communautaire pour une éducation équitable et de qualité sollicite l'aide des parents en vue de petits investissements comme la construction de latrines, ce qui favorise l'inscription des filles à l'école.

Alors que les attitudes parentales jouent un rôle prépondérant dans les transitions précoces, l'avis des étudiants prend davantage d'importance par la suite, notamment pour l'achèvement des études secondaires. Ils sont nombreux à abandonner au secondaire parce que l'on attend d'eux qu'ils s'assument et soutiennent leur famille. Par ailleurs, les comportements sexuels à risque sont monnaie courante chez les jeunes de la région qui se retrouvent ainsi parents avant l'heure. Enfin, les jeunes ne sont pas toujours conscients des avantages de l'éducation, car ils n'en ont pas beaucoup d'exemples, que ce soit parce qu'ils vivent à la campagne, dans des bidonvilles ou dans des régions en proie à des conflits. Les programmes d'encadrement qui vont au-delà des seuls acquis académiques ou de la formation professionnelle, et mettent l'accent sur des compétences non cognitives ont été d'une grande aide pour ces jeunes à risque. En Afrique du Sud par exemple, le programme USIKO recrute des bénévoles de sexe masculin pour encadrer de jeunes hommes, les encourager à poursuivre leurs études et les détourner de comportements dangereux, comme l'adhésion à des gangs. Depuis 2000, plus de 600 jeunes ont suivi ce programme jusqu'au bout et plus de 90 % d'entre eux ont décroché des diplômes secondaires.

En matière de scolarité, les différences de traitement entre les deux sexes résultent elles aussi d'attitudes face à l'éducation. Les programmes en faveur des filles, surtout celles qui risquent d'être mariées, doivent prévoir des incitations économiques pour les garder à l'école. Dans la région tout entière, les filles ont beaucoup moins de chances d'être scolarisées que les garçons, et les pires résultats sont ceux des jeunes filles mariées, dont la plupart n'ont jamais fréquenté l'école primaire ou ont abandonné. Toutefois, dès qu'elles sont inscrites dans le secondaire, les filles ont de bien meilleurs résultats, notamment celles qui sont mariées : la proportion de diplômés de l'enseignement secondaire est trois fois plus élevée chez les filles que chez les garçons.

Ainsi, tout porte à croire qu'il est extrêmement rentable d'investir dans l'éducation des filles et l'achèvement du cycle primaire. Pour les plus jeunes, la meilleure solution pourrait être d'offrir des subventions ciblées à la condition expresse que les parents ou les filles elles-mêmes changent d'avis face à l'éducation. Pour les plus grandes, il est parfois impossible de poursuivre des études et les solutions adaptées — enseignement extrascolaire ou formation professionnelle — doivent impérativement être rattachées à des possibilités de travail pour satisfaire l'attente générale selon laquelle ces jeunes filles doivent soutenir leur famille.

Les programmes d'éducation extrascolaire des grands adolescents doivent reconnaître que le travail fait partie intégrante de la vie des jeunes de la région. Les enfants d'Afrique subsaharienne commencent à travailler très précocement, que ce soit à la maison ou ailleurs, avec ou sans rémunération. Ceux des foyers les plus pauvres sont bien plus susceptibles de travailler que d'être scolarisés à temps plein, surtout dans les pays à faible revenu. Les programmes d'éducation extrascolaire qui ont admis que les jeunes sont censés travailler, s'assumer et s'occuper de leur famille ont obtenu de bons résultats. Citons notamment les cours de formation offerts aux enfants soldats et aux autres jeunes victimes de la guerre au Sierra Leone, les cours d'enseignement extrascolaire dispensés aux jeunes NSD des zones de conflit en République du Sud Soudan et le dispositif expérimental mis en place au Kenya au moyen de bons d'accès à la formation technique et professionnelle.

Les problèmes liés au travail sont particulièrement contraignants dans les programmes axés sur les jeunes ruraux. Quel que soit le pays considéré, les ruraux fréquentent moins l'école que les jeunes des villes, et sont plus susceptibles de n'y être jamais allés. Ce constat vaut particulièrement pour les pays à faible revenu et les pays francophones, tels que le Mali, le Burkina Faso et le Sénégal. Le lieu géographique est le facteur qui influe le plus sur l'inscription à l'école et l'achèvement de la scolarité primaire, mais ne fait guère de différence lors des transitions ultérieures. Les jeunes ruraux risquent bien plus de travailler et ont bien moins de chance de fréquenter l'école à plein temps. Même si l'insuffisance des possibilités d'enseignement formel entrave les résultats d'éducation des jeunes ruraux, ils gagneraient beaucoup à ce que les programmes qui leur sont destinés reconnaissent comme telles leurs obligations de travail. Des programmes de ce genre ont été mis en œuvre au Ghana et en Éthiopie.

Point d'entrée 3 : Insertion sur le marché du travail

Les jeunes qui ont peu de chance de retourner à l'école doivent bénéficier de formations et d'une expérience pratique pour développer leur capacité d'insertion professionnelle. Étant donné que l'économie d'Afrique subsaharienne reste majoritairement informelle, l'apprentissage informel est le moyen de choix pour enseigner des compétences aux jeunes NSD et les aider à trouver un emploi, mais c'est un mécanisme difficile à reproduire à plus grande échelle. Dix-sept pays africains ont affecté des crédits à la mise en place de programmes nationaux de formation, mais le gros de ces fonds sert à former des personnes qui ne trouvent pas à s'employer à la fin de leurs études formelles. Les programmes nationaux de formation des jeunes sans emploi et sans qualification n'ont guère de résultats. Les aides à l'emploi et les grands projets de travaux publics leur offrent de nombreuses possibilités de recrutement, mais rarement un emploi durable. Il existe quelques rares dispositifs calqués sur les programmes Jovenes d'Amérique latine, qui sont ciblés, décentralisés et coordonnés à l'échelle de la puissance publique tout entière, des entités civiles et du secteur privé. Tout comme les systèmes d'enseignement extrascolaire, les programmes de développement de la main-d'œuvre sont d'autant plus efficaces qu'ils répondent à des besoins multiples, dont des programmes de développement de compétences, des formations à la création d'entreprises et des programmes de microfinancement.

Les programmes de développement de la main-d'œuvre doivent tenir compte du fait que la plupart des jeunes deviendront des travailleurs indépendants ou seront employés dans de petites entreprises informelles. Dans la région, de nombreux jeunes abandonnent leurs études parce que leurs chances de trouver du travail ne seront pas meilleures en achevant leurs études intermédiaires ou secondaires. Les emplois formels étant rares, l'enseignement formel a intrinsèquement moins de valeur, et il est fréquent que les parents ne scolarisent pas leurs enfants — comme en Zambie, en Ouganda, au Kenya et dans les zones rurales du Ghana — parce qu'ils sont persuadés que leur éducation n'est pas un gage d'emploi. Les programmes qui ont admis qu'il est difficile de trouver un emploi salarié dans une entreprise formelle ont obtenu quelques résultats, mais la difficulté majeure tient à l'absence de cadre légal définissant les conditions où les institutions financières peuvent prêter aux jeunes. Même lorsqu'ils ont des idées dignes d'être financées, démarrer leur entreprise suppose de ne compter que sur eux-mêmes, sur leurs amis ou leurs parents ou encore de se livrer au vol ou à la prostitution.

Dans la région, les pays qui parviennent le mieux à fidéliser les étudiants proposent aussi de multiples démarches parallèles pour qualifier les jeunes NSD ou les aider à accéder à l'emploi[4]. Cette diversité de l'offre est importante, même si elle complique l'affectation des ressources et la coordination au sein du pays comme entre les différents donateurs. Il va sans dire que le défi est encore majoré dans les pays à faible revenu : il est en effet plus difficile de développer l'enseignement extrascolaire en l'absence d'un solide système d'éducation formelle.

Malgré l'absence de solution simple au manque de ressources, l'examen des programmes en place en Afrique subsaharienne montre que deux changements majeurs doivent être apportés à la gestion des ressources disponibles. Premièrement, les pays doivent investir pour développer les capacités des administrations nationales, des collectivités locales et des communautés, et améliorer la coordination entre ces différents niveaux. L'enseignement extrascolaire et les programmes de développement de la main-d'œuvre donnent de meilleurs résultats quand il existe de nombreux sites et domaines de formation ; que les administrations centrales et les collectivités nationales entretiennent des relations nourries ; quand la division du travail est claire et que les programmes sont conçus de façon transparente. L'Ouganda et le Kenya ont tenté d'émuler les programmes Jovenes d'Amérique latine avec des résultats encourageants. Deuxièmement, les pays doivent mobiliser l'assistance des donateurs en améliorant la coordination. Là encore, le problème tient au manque de capacités, car en l'absence de cadre ou de vision nationale, les programmes et interventions financés par les donateurs restent parcellaires. Les organisations non gouvernementales (ONG) et les associations à but non lucratif conduisent une multitude de programmes de développement associant diversement la formation, l'expérience en milieu de travail, des services de conseils pratiques et un encadrement. Ces programmes ont globalement amélioré l'insertion des jeunes dans la vie active, mais leur efficacité est limitée par leur petite taille et le manque de financement ; certains ne peuvent se développer au-delà d'un certain seuil faute de ressources, tandis que d'autres sont privés de leurs ressources lorsque les donateurs s'orientent vers d'autres secteurs. Étant donné que la jeunesse NSD pose des défis très semblables à de nombreux pays de la région, la définition d'objectifs régionaux à même de transcender les frontières pourrait contribuer à focaliser l'aide des donateurs et à favoriser des engagements à long terme.

Surtout, la simple décision d'abandonner ses études est symptomatique d'un complexe ensemble de problèmes, ce qui explique que la problématique de la jeunesse NSD ne peut être commodément casée dans un unique domaine stratégique. L'action à mettre en œuvre incombe parfois au secteur de l'éducation, d'autres fois aux services de développement de la main-d'œuvre, du développement ou encore de la protection sociale, alors même que la juste combinaison de mesures stratégiques doit associer des aspects de tous ces secteurs. Cet espace stratégique fragmenté est encore compliqué par le fait de devoir répondre aux besoins de groupes d'âges différents. À la différence des petits, les jeunes NSD de 12-24 ans doivent s'en sortir par eux-mêmes et venir en aide à leur famille, et il est parfois difficile de modifier ou de faire évoluer leur comportement. Tous ces éléments expliquent les disjonctions et l'inefficacité de nombre des programmes actuels, et ne cessent de souligner que l'action menée doit être centralisée et coordonnée au plus haut niveau politique.

Notes

1. L'accent est placé sur les étudiants du second cycle, l'enseignement secondaire étant caractérisé par un faible taux d'inscription, des redoublements fréquents et un taux d'abandon très élevé étant le goulet d'étranglement majeur à l'obtention d'un diplôme. Étant donné l'ampleur de la population non scolarisée, il est peu probable qu'une expansion rapide de l'offre d'éducation formelle à ce niveau puisse profiter aux jeunes de cette cohorte qui devront donc se tourner vers des solutions extrascolaires pour améliorer leurs chances de trouver un travail.
2. Dans le secondaire, les frais de scolarité représentent une part bien plus importante des dépenses des ménages — jusqu'à 60 % en Mauritanie et 70 % au Rwanda — et, pour ce qui est des grands adolescents, plus de la moitié des ménages invoque le coût de l'éducation comme principale raison de la non scolarité ou de l'abandon des études. Au Cameroun, au Kenya, au Lesotho, au Malawi, en Ouganda, en Tanzanie et en Zambie, l'élimination des frais de scolarité a fait grimper les taux d'inscription à l'école.
3. Les transferts d'espèces sans condition risquent de ne pas être aussi efficaces dans les ménages les plus pauvres où les parents invoquent moins des problèmes de coûts que des attentes à l'égard des jeunes, par exemple le mariage. De même, le financement des écoles publiques ou privées aurait une efficacité limitée pour les familles vivant loin des écoles.
4. C'est en Ouganda, au Kenya et au Ghana que l'on en trouve les meilleurs exemples.

Bibliographie

Feda, Kebede, and Chris Sakellariou. 2013. "Out of School, School-Work Outcomes and Education Transitions of Youth in Sub-Saharan Africa—A Diagnostic." Background paper prepared for the World Bank program on Secondary Education in Africa (SEIA), World Bank, Washington, DC.

Gresham, James. 2013. "Out-of-School Youth in Africa—Diagnostic Note." Background paper prepared for the World Bank program on Secondary Education in Africa (SEIA), World Bank, Washington, DC.

CHAPITRE 1

Les défis stratégiques posés par la jeunesse non scolarisée et déscolarisée d'Afrique subsaharienne

Introduction

Selon les estimations, 89 millions de jeunes âgés de 12 à 24 ans, soit près de la moitié des jeunes d'Afrique subsaharienne, ne vont pas à l'école (figure 1.1)[1]. Si les taux d'abandon demeurent au même niveau, on peut raisonnablement penser qu'ils seront quelque 40 millions de plus à déserter l'école dans les dix ans à venir[2], soit la masse de la main-d'œuvre. Ces jeunes ont devant eux un avenir dénué des avantages que confèrent les diplômes et, dans la plupart des cas, de travail ou d'aptitudes pratiques pour faire face à la vie. Faute de compétences, ils ne pourront accéder à de bons emplois ou à des métiers solides, et seront confrontés à la précarité et à l'insuffisance de leurs revenus, à de longues périodes de chômage et à des conditions de vie médiocres (Sum et al. 2007). Les effets pervers de leur manque d'instruction se feront aussi sentir sur la génération suivante, car leur instabilité économique les empêchera d'offrir des conditions favorables à leurs propres enfants.

L'étroitesse du marché du travail qui ne pourra absorber une telle population de jeunes se traduira par des coûts économiques et sociaux considérables. La production chutera, ce qui ralentira la croissance économique (Heckman et Masterov 2007). L'économie affaiblie du pays limitera la capacité de mobilisation de recettes des gouvernements, tandis que les dépenses publiques augmenteront pour répondre aux besoins de ces jeunes (Thornberry, Moore et Christenson 1985). Si les schémas observés ailleurs se reproduisent, les jeunes qui ont abandonné leurs études seront très probablement poussés à la délinquance (Raphael 2004), et obligés de compter sur l'aide médicale publique (Muennig 2005), les prestations sociales ou l'aide au logement (Waldfogel, Garfinkel et Kelly 2005). Ils vivront moins longtemps que les titulaires de diplômes de deuxième cycle (Muennig 2005), deviendront précocement parents et auront moins de chance d'élever des enfants en bonne santé (Haveman, Wolfe et Spaulding 1991). Leurs enfants seront bien moins susceptibles d'achever leurs études secondaires que ceux dont les parents ont des diplômes de deuxième cycle (Wolfe et Haveman 2002). De plus, les jeunes sans perspective

Figure 1.1 Jeunes NSD en Afrique subsaharienne : Population et proportion estimées, par cohorte d'âge

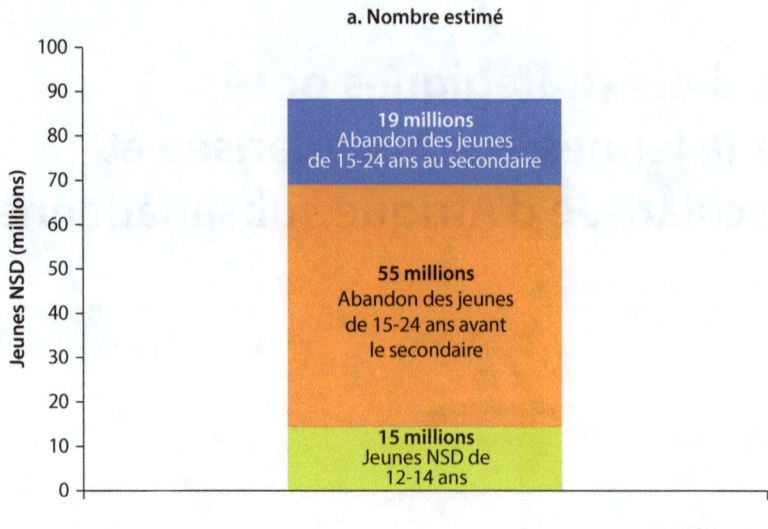

a. Nombre estimé

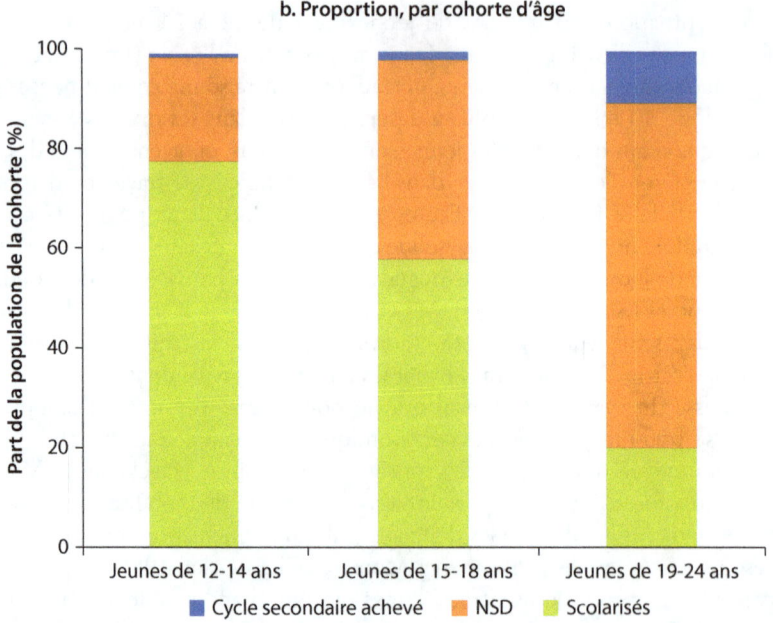

b. Proportion, par cohorte d'âge

Source : Estimations de Feda et Sakellariou (2013), d'après diverses enquêtes auprès des ménages.

d'emploi viable en fin d'études risquent davantage d'être obligés de travailler à un très jeune âge (Kahraman 2011). Enfin, il est très improbable que ces jeunes s'engagent dans l'action citoyenne, votent ou interviennent bénévolement dans leurs communautés (Junn 2005), autant d'éléments qui conduisent pourtant à l'amélioration des résultats sociaux (Levin 2005).

Ce rapport présente un tableau général de la situation des jeunes non scolarisés d'Afrique subsaharienne, et examine les facteurs qui déterminent les choix des jeunes face aux études et au travail ainsi que les mesures mises en œuvre pour leur venir en aide. Il s'attache à examiner les principaux facteurs qui sous-tendent le phénomène de la non scolarisation et de la déscolarisation et formule diverses recommandations pour améliorer les politiques et les programmes en place. Il est axé sur la cohorte des 12-24 ans, à savoir ceux qui sont les plus susceptibles de quitter l'école au cours du secondaire. Cette orientation a été privilégiée étant donné que l'enseignement secondaire est caractérisé par un faible taux d'inscription, des redoublements fréquents et un taux d'abandon très élevé, ce qui en fait un goulet d'étranglement majeur à l'obtention d'un diplôme. Vu l'ampleur de la population de jeunes NSD, il est peu probable qu'une expansion rapide de l'offre d'éducation formelle puisse profiter aux jeunes de cette cohorte qui devront donc se tourner vers des solutions extrascolaires pour améliorer leurs chances de trouver un travail. En outre, les mesures visant à stimuler l'entrée au secondaire ou à venir en aide aux jeunes qui abandonnent à ce niveau sont plus que défaillantes dans la région tout entière, que ce soit par manque de ressources ou du fait de la conception médiocre des programmes. Les décideurs d'Afrique subsaharienne sont ainsi confrontés à la difficulté d'élaborer des programmes efficaces, une tâche encore compliquée par la poussée de cette population de jeunes[3]. Même si les pays augmentent les crédits à l'enseignement secondaire, la charge budgétaire imposée par l'éducation des jeunes continuera d'augmenter et, en l'absence de réformes de fond, le seul accroissement des crédits risque fort de ne pas suffire à enrayer la multiplication du nombre d'abandons ou de la proportion de jeunes non scolarisés.

Le rapport couvre trois grands domaines. Il passe tout d'abord en revue la situation des jeunes non scolarisés d'Afrique subsaharienne pour en dégager les principales tendances. Les caractéristiques des ménages, les traits distinctifs des jeunes, les normes et attentes sociales et les attributs du système éducatif sont autant d'éléments importants pour comprendre pourquoi les jeunes abandonnent leurs études et ne retournent pas à l'école. L'analyse diagnostique est fondée sur des données d'enquêtes auprès des ménages réalisées dans 31 pays de la région ainsi que d'autres données régionales sur les caractéristiques socio-économiques nationales et régionales. Elle révèle que les jeunes qui interrompent leur scolarité sont bien qualitativement différents — en termes démographiques et d'accès à l'école — de ceux qui poursuivent leurs études (Gresham 2013). Les jeunes concernés viennent généralement de foyers pauvres comptant peu d'adultes employés ou instruits, vivent en zone rurale et sont plus fréquemment des filles. Dans la région, un nombre considérable d'enfants ne sont jamais allés à l'école, surtout dans les pays francophones, les pays à faible revenu et les pays fragiles ou touchés par un conflit. Chez ceux qui poursuivent leurs études au secondaire, les taux d'abandon sont particulièrement élevés entre 15 et 18 ans, l'âge où les jeunes se mettent généralement en quête d'un travail. Cela étant, ils sont nombreux, notamment en ville, à quitter l'école sans pour autant trouver du travail. Les recherches ont montré que les jeunes NSD tiennent compte de leurs perspectives d'emploi avant de décider si et quand il est préférable de reprendre leurs études ou d'entamer une formation.

Le rapport examine aussi les éléments qui président aux décisions des jeunes lors du passage du primaire au premier cycle du secondaire, puis au second cycle du secondaire, et explore notamment les caractéristiques des ménages pouvant expliquer ces décisions. Cette section du rapport est fondée sur les travaux de Feda et Sakellariou (2013) qui ont analysé des données d'enquêtes auprès des ménages de 20 pays de la région pour tenter d'expliquer pourquoi les jeunes abandonnent leurs études.

Dans un deuxième temps, le rapport analyse la relation entre les caractéristiques socio-économiques et démographiques des pays et l'ampleur de la population de jeunes non scolarisés. Leur incidence est moindre dans les pays qui consacrent une part importante de leur produit intérieur brut (PIB) à l'éducation et qui allouent à l'enseignement secondaire une bonne part des crédits publics à l'éducation. Les jeunes, notamment les plus jeunes, bénéficient de l'existence d'établissements scolaires adéquats. Les pays ayant une forte croissance démographique sont également caractérisés par une plus forte incidence de jeunes NSD. Enfin, quand le marché du travail formel est bien développé, les jeunes (ou leurs parents) sont davantage susceptibles de privilégier les études plutôt que le travail. Lorsqu'une grande partie des actifs est salariée, les jeunes ont tendance à rester scolarisés.

Troisièmement, le rapport passe en revue les stratégies et programmes en faveur des jeunes non scolarisés pour montrer qu'en Afrique subsaharienne, ces programmes s'articulent autour de trois points d'entrée : la rétention des jeunes à l'école, la remédiation au moyen de programmes d'enseignement formel ou extrascolaire, et l'insertion sur le marché du travail.

Il n'y a pas de solution stratégique simple au problème de l'abandon scolaire, pas plus qu'à la difficulté d'inciter les jeunes à reprendre leurs études. Même lorsque l'on connait les causes fondamentales de leur abandon, il est notoirement difficile de concevoir des programmes pour les maintenir à l'école ou les acheminer vers d'autres filières d'enseignement. Les programmes généraux et multisectoriels semblent être les plus efficaces, mais quelle que soit la formule envisagée, elle doit être étayée par des évaluations rigoureuses pour tirer les enseignements de leur mise en œuvre et les adapter.

Le reste du rapport est organisé comme suit : le Chapitre 2 offre une vue d'ensemble de la situation des jeunes NSD et des spécificités du problème dans la région, notamment la taille des populations concernées, les principales caractéristiques des ménages et du système éducatif et les variables macro-économiques corrélées à la décision de privilégier l'étude. Ce chapitre examine aussi les facteurs qui influencent les choix école/travail et études/abandon aux diverses transitions (du primaire au premier cycle du secondaire, puis au second cycle du secondaire), et associe à cette fin les conclusions d'études publiées sur les éléments qui déterminent les résultats en matière de scolarité, une étude diagnostique de la région et une analyse économétrique de données d'enquêtes auprès des ménages de 20 pays d'Afrique subsaharienne. Le Chapitre 3 présente une comparaison interrégionale des résultats de scolarité en fonction de diverses dimensions économiques et démographiques. Le Chapitre 4 passe en revue les politiques d'intervention et les programmes en vigueur en Afrique subsaharienne en rattachant ces outils stratégiques aux causes sous-jacentes de l'abandon, telles que les difficultés rencontrées par les ménages, le comportement des jeunes et les problèmes d'offre. Le Chapitre 5 conclut cette étude par un ensemble de recommandations stratégiques pour la région et quelques sous-groupes de pays présentant les mêmes caractéristiques. Cette analyse des politiques d'intervention a pour cadre les facteurs qui influencent les choix liés à la scolarité ainsi que les points d'entrée pour la prise en charge des jeunes à risque et des jeunes non scolarisés, et propose des solutions à court terme comme à long terme.

Notes

1. Cette estimation régionale est calculée d'après l'analyse de données d'enquêtes auprès des ménages réalisées dans 20 pays de la région, à savoir (année de l'enquête entre parenthèses) : Burkina Faso (2008-2009), Cameroun (2007), Côte d'Ivoire (2008), Éthiopie (2004-2005), Gambie (2009), Ghana (2005-2006), Guinée (2012), Kenya (2004-2005), Malawi (2010-2011), Mozambique (2008-2009), Niger (2007), Nigéria (2010), Ouganda (2010), Rwanda (2005-2006), Sao Tomé-et-Principe (2010), Sénégal (2005), Sierra Leone (2003), Tanzanie (2010), Tchad (2011) et Zambie (2010).
2. Ce chiffre est une extrapolation fondée sur l'estimation des taux d'abandon chez les jeunes de moins de 14 ans dans les 20 pays pour lesquels des données sont disponibles.
3. D'après l'Institut de statistique de l'UNESCO, la population de jeunes en âge de fréquenter l'école secondaire s'est accrue de 9 % entre 2006 et 2010 en Afrique subsaharienne ; durant la même période, cette population a diminué de 1 % dans le monde. Même si le vieillissement de la population s'opère très lentement dans la région, la population de jeunes africains devrait tout de même augmenter de 1,6 % d'ici 2024, soit sept fois le taux prévu pour le reste du monde.

Bibliographie

Feda, Kebede, and Chris Sakellariou. 2013. "Out of School, School-Work Outcomes and Education Transitions of Youth in Sub-Saharan Africa—A Diagnostic." Background paper prepared for the World Bank program on Secondary Education in Africa (SEIA), World Bank, Washington, DC.

Gresham, James. 2013. "Out-of-School Youth in Africa—Diagnostic Note." Background paper prepared for the World Bank program on Secondary Education in Africa (SEIA), World Bank, Washington, DC.

Haveman, Robert, Barbara Wolfe, and James Spaulding. 1991. "Childhood Events and Circumstances Influencing High School Completion." *Demography* 28 (1): 133–57.

Heckman, James J., and Dimitriy V. Masterov. 2007. "The Productivity Argument for Investing in Young Children." Paper presented as the T. W. Schultz Award Lecture at the Allied Social Sciences Association Annual Meeting, Chicago, January 5–7.

Junn, Jane. 2005. "The Political Costs of Unequal Education." Paper prepared for the Symposium on Social Costs of Inadequate Education, Teachers College, Columbia University, New York, October 24–25.

Kahraman, Berna. 2011. "Youth Employment and Unemployment in Developing Countries: Macro Challenges with Micro Perspectives." Graduate Doctoral Dissertations, Paper 36, University of Massachusetts, Boston.

Levin, Henry M. 2005. "The Social Costs of Inadequate Education." Paper prepared for the Symposium on Social Costs of Inadequate Education, Teachers College, Columbia University, New York, October 24–25.

Muennig, Peter. 2005. "The Economic Value of Health Gains Associated with Education Interventions." Paper prepared for the Symposium on Social Costs of Inadequate Education, Teachers College, Columbia University, New York, October 24–25.

Raphael, Steven. 2004. "The Socioeconomic Status of Black Males: The Increasing Importance of Incarceration." Working Paper, Goldman School of Public Policy, University of California, Berkeley.

Sum, Andrew, Ishwar Khatiwada, Joseph McLaughlin, and Paulo Tobar. 2007. "An Assessment of the Labor Market, Income, Health, Social, Civic and Fiscal Consequences of Dropping Out of High School: Findings for Massachusetts Adults in the 21st Century." Center for Labor Market Studies Publications Paper 2, Northeastern University, Boston.

Thornberry, Terence P., Melanie Moore, and R. L. Christenson. 1985. "The Effect of Dropping Out of High School on Subsequent Criminal Behavior." *Criminology* 23 (1): 3–18.

Waldfogel, Jane, Irwin Garfinkel, and Brendan Kelly. 2005. "Public Assistance Programs: How Much Could Be Saved with Improved Education?" Paper prepared for the Symposium on Social Costs of Inadequate Education, Teachers College, Columbia University, New York, October 24–25.

Wolfe, Barbara L., and Robert H. Haveman. 2002. "Education in the 21st Century: Meeting the Challenges of a Changing World." Paper prepared for Conference Series 47, Federal Reserve Bank of Boston, Boston.

CHAPITRE 2

Pourquoi les jeunes d'Afrique subsaharienne abandonnent-ils leurs études ?

Introduction

Le Chapitre 2 examine les caractéristiques de la jeunesse NSD, l'ampleur du problème et les raisons qui incitent les jeunes à quitter l'école. Il ressort de ces analyses que :

- Le problème de la non scolarisation et de la déscolarisation est généralisé dans toute l'Afrique subsaharienne et concerne plus de la moitié des jeunes de 12 à 24 ans.
- Il est particulièrement marqué dans les pays à faible revenu, les pays francophones et les États fragiles ou touchés par un conflit.
- Pour la plupart, les jeunes abandonnent avant d'entrer au secondaire. Dans les pays ayant une forte population de jeunes NSD, nombre des enfants concernés n'ont jamais mis les pieds à l'école.
- Les jeunes filles, les jeunes ruraux et les grands adolescents sont les plus susceptibles de ne pas fréquenter l'école, un effet qui est amplifié par la pauvreté. Les disparités liées au genre, les fossés entre villes et campagnes et les écarts de fréquentation entre les ménages les plus pauvres et les plus riches s'accroissent avec l'âge.
- La précocité du mariage est préjudiciable pour la scolarité des jeunes filles ; toutefois, lorsqu'elles parviennent à passer au secondaire, elles sont plus susceptibles que les jeunes hommes de s'accrocher et d'achever leurs études.
- Les attitudes parentales à l'égard de l'éducation et la capacité de gain des ménages sont les deux facteurs prédominants pour les résultats en matière d'éducation : les jeunes issus de familles dont le chef a reçu une instruction sont plus susceptibles d'aller à l'école que de travailler. De même, plus un ménage compte d'adultes en activité, plus les jeunes ont des chances de pouvoir se concentrer sur leurs études et de les poursuivre au deuxième cycle du secondaire.
- Après prise en compte du niveau d'éducation du chef de famille, le revenu du ménage n'est plus un facteur déterminant, même s'il reste important. La progression des revenus du ménage a un effet bien plus marqué sur la scolarité/le travail dans les pays à faible revenu et dans ceux qui ont connu des conflits.

- Les résultats des jeunes en matière de scolarité et de travail sont très sensibles au secteur d'emploi des membres du ménage et à leur capacité de gain (mesurée par le nombre d'adultes en activité). Les enfants issus de foyers agricoles ont moins de chances de pouvoir se concentrer uniquement sur leur scolarité et risquent plus de travailler ou de jongler entre travail et école. Les jeunes venant de ménages où les adultes ont un travail sont davantage susceptibles de pouvoir se concentrer sur leur scolarité.

Ce chapitre puise dans deux études de fond : une analyse diagnostique de l'ampleur et de la nature du problème dans la région (Gresham 2013) et un modèle économétrique des résultats scolaires des jeunes de 12 à 14 ans, des choix des 15-24 ans entre études ou travail et de la transition entre le primaire et les cycles supérieurs (Feda et Sakellariou 2013). Les jeunes NSD sont ici définis comme ceux âgés de 12 à 24 ans qui ont définitivement quitté l'école, n'y sont jamais allés ou l'ont fréquentée pendant quelque temps, mais ont abandonné avant d'achever le cycle secondaire[1]. L'étude diagnostique exploite des données provenant d'enquêtes démographiques et sanitaires réalisées dans 19 pays ainsi que d'enquêtes auprès des ménages et d'enquêtes sur le marché du travail concernant 12 autres pays, toutes conduites entre 2006 et 2011 (voir la liste des données d'enquête à l'appendice B). L'étude économétrique des caractéristiques de la jeunesse NSD est fondée sur des données d'enquêtes auprès des ménages concernant 20 pays de la région (voir les résultats de base à l'appendice D). L'étude porte sur trois catégories de résultats et sur leur corrélation avec les caractéristiques des ménages : les choix des 12-14 ans en matière de scolarité (un simple modèle de régression logistique), l'évolution des 15-24 ans au regard de la scolarité et du travail (un modèle de régression logistique multivariée), et les transitions des 15-24 ans vers les cycles d'enseignement supérieur (un modèle de régression logistique séquentielle, expliqué à l'appendice E).

Ampleur de la population de jeunes NSD d'Afrique subsaharienne

Près de la moitié des jeunes d'Afrique subsaharienne ne vont pas à l'école, même si leur expérience de la scolarité varie considérablement en fonction des différents systèmes d'éducation. Dans les pays ayant une forte incidence de non scolarisation et de déscolarisation, les jeunes qui ne sont jamais allés à l'école constituent une part disproportionnée de cette population. Au Mali par exemple où 68 % des jeunes ne vont pas à l'école, seulement un enfant sur sept a abandonné, et les six autres n'ont jamais fréquenté l'école. Ce ratio est de un sur cinq au Burkina Faso, au Sierra Leone et au Tchad. A contrario, en République du Congo, en Ouganda et au Zimbabwe, la plupart des jeunes sont allés à l'école à un moment ou un autre, même s'ils ont déclaré forfait (figure 2.1).

Les jeunes NSD sont plus nombreux dans les pays à faible revenu, même si le problème est généralisé sur tout le continent. Les pays à revenu intermédiaire de la tranche supérieure ont les plus faibles taux d'abandon (33 %), la plupart des jeunes ayant été exposés à l'école au moins quelque temps. Dans les pays à faible revenu, plus de 45 % des jeunes ne vont pas l'école et près de la moitié d'entre eux n'y sont jamais allés. Les résultats les plus médiocres concernent les pays francophones, avec

Figure 2.1 Fréquentation scolaire des jeunes de 12 à 24 ans, par pays

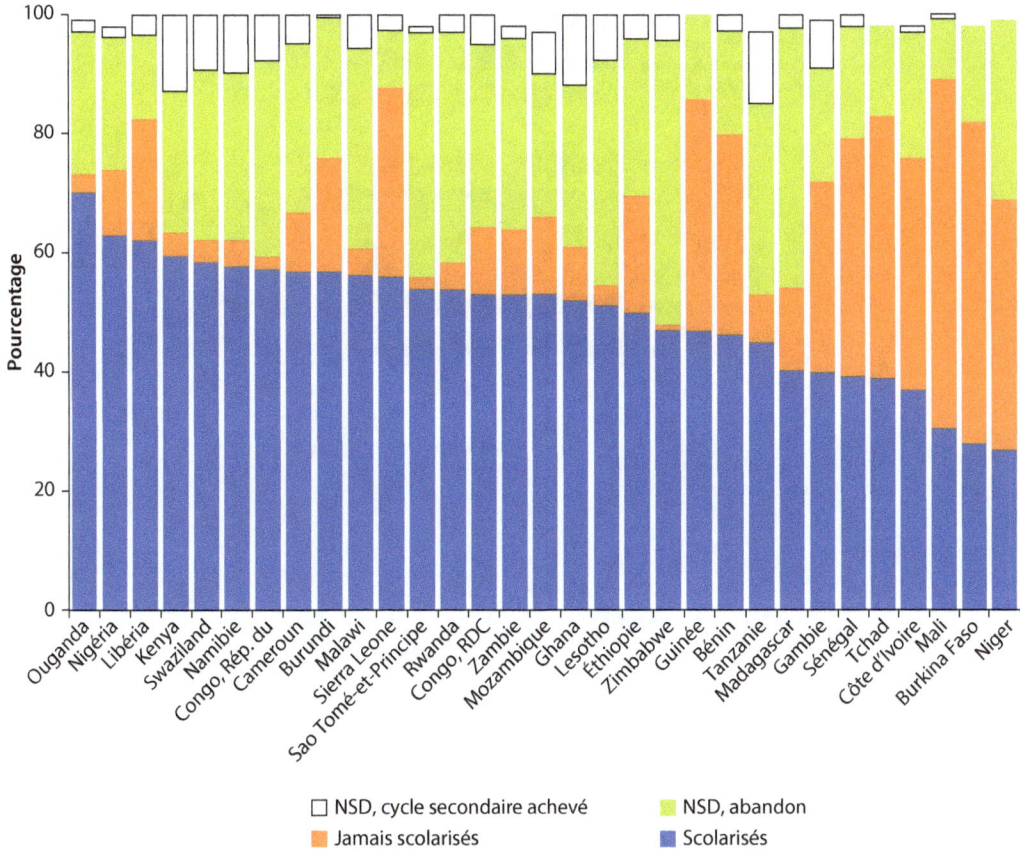

Source : Gresham 2013.
Note : Dans certains cas, le total des chiffres ne représente pas 100 % en raison de données manquantes.

plus de la moitié des jeunes NSD et près d'un tiers qui ne l'ont jamais été. Sur les 31 pays analysés, les pays anglophones ont les meilleurs résultats. L'incidence des jeunes NSD est légèrement plus élevée dans les États fragiles ou touchés par un conflit ; en revanche, la part de ceux qui n'ont jamais fréquenté l'école y est plus importante que dans les pays sans antécédents de conflit (figure 2.2).

À mesure qu'ils vieillissent et que le coût d'opportunité de leur temps augmente, les jeunes sont plus susceptibles d'abandonner leurs études. Alors que l'enseignement primaire ne pèse guère sur le revenu des ménages (ce qui pourrait tenir à un mauvais calcul de la valeur de leur production ou du travail familial) et que l'enseignement supérieur est fortement corrélé à des écarts de rémunération considérables, la perte de gains non salariaux (dus par exemple au travail dans l'exploitation familiale) semble suffisamment élevée au niveau du secondaire pour contrecarrer les effets positifs de l'éducation sur le revenu (Appleton 2001). L'analyse de données d'enquêtes auprès des ménages réalisées en Ouganda en 1990

Figure 2.2 Part des jeunes NSD de 12 à 24 ans, par typologie de pays

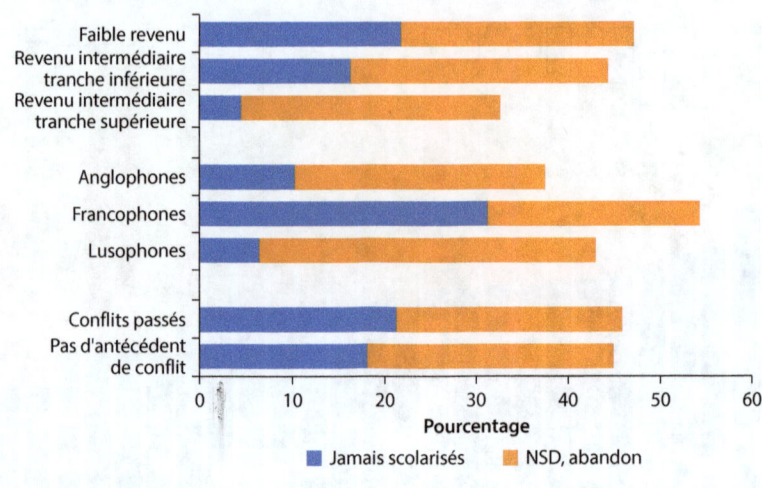

Source : Gresham 2013.

et 2000 révèle par exemple un effet minime de l'éducation secondaire sur le revenu net : même si l'instruction secondaire accroît la probabilité qu'un ménage gagne davantage, la probabilité de gains tirés d'un travail indépendant (agricole et non agricole) est globalement réduite d'autant (Appleton 2001).

Les taux d'abandon scolaire et les taux d'activité économique s'accroissent tous deux avec l'âge. Les analyses diagnostiques montrent que dans l'ensemble de la région, seulement 20 % des 12–14 ans abandonnent, mais ce taux passe à 40 % chez les 15-18 ans et à près de 70 % chez les 19-24 ans. Ce schéma vaut pour tous les pays entrant dans l'étude diagnostique, mais il est plus prononcé dans les pays à faible revenu et ceux qui ont un héritage francophone (figure 2.3). Le taux d'activité économique s'accroît également avec l'âge : il est de 55 % chez les 12–14 ans, de 61 % chez les 15–18 ans et de 75 % chez les 19–24 ans.

Dans la plupart des pays de la région, les taux d'abandon augmentent à la dernière année de chaque cycle. Au Burkina Faso, au Ghana, au Mali et en Namibie par exemple, ils sont presque deux fois plus importants à la dernière année du primaire que les taux d'abandon moyens dans les premières années de ce cycle. En Ouganda et au Kenya, les étudiants qui quittent l'école la dernière année du premier cycle du secondaire sont presque deux fois plus nombreux que dans les années précédentes. Au Ghana, le taux d'abandon est quasiment multiplié par cinq, et passe en moyenne de 17,5 % dans les premières années du secondaire à 86 % lors de la dernière année du premier cycle du secondaire. Ces années de transition sont donc des goulets d'étranglement, parfois en raison des examens d'entrée ou de sortie (tableau 2.1). Au Kenya par exemple, les notes élevées exigées pour le passage à l'échelon supérieur ont pour effet de chasser les enfants de l'école (Ozier 2010).

L'analyse des données sur les ménages de 20 pays de la région montre que la plupart des 15–24 ans ne sont jamais inscrits à l'école ou abandonnent avant le secondaire (Feda et Sakellariou 2013). D'après les estimations, 33 % des jeunes de

Figure 2.3 Part des jeunes NSD, par cohorte d'âge et par typologie de pays

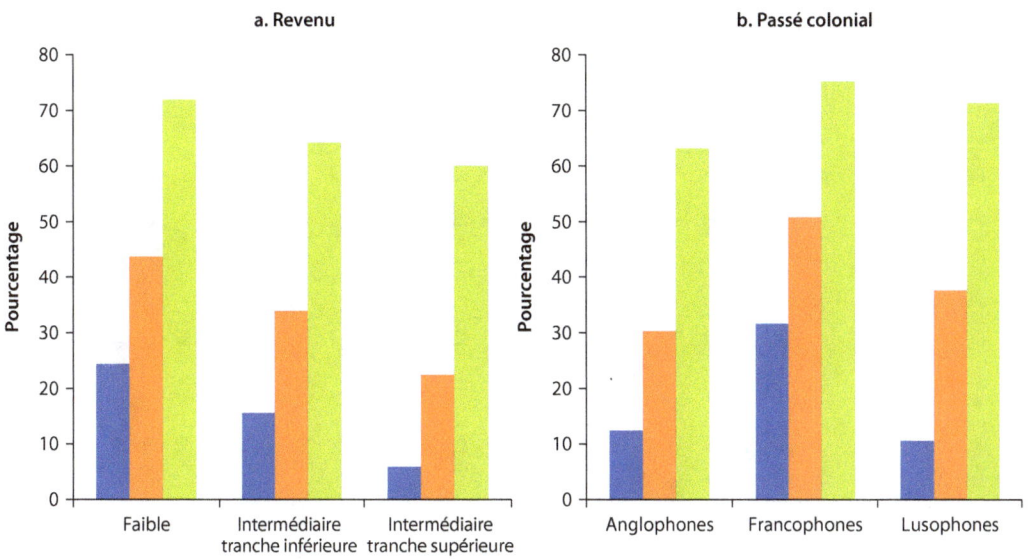

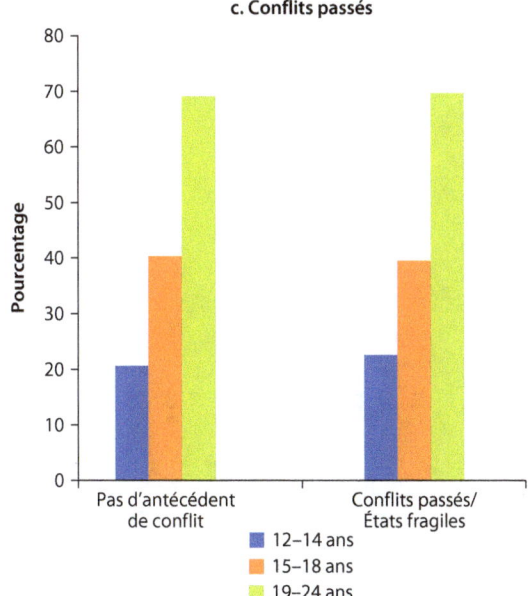

Source : Gresham 2013.

la région n'atteignent jamais le secondaire ; les proportions sont particulièrement élevées dans les pays francophones (57 %), les États fragiles et ceux qui ont été ravagés par des conflits (48 %). Les pays anglophones sont ceux qui ont les meilleurs résultats en termes d'inscription scolaire à l'âge voulu. Dans ce groupe de pays, 40 % des jeunes passent au secondaire ou achèvent leurs études secondaires

Tableau 2.1 Années de transition et taux d'abandon, par année d'étude
Pourcentage d'abandons

Pays	Gr1	Gr2	Gr3	Gr4	Gr5	Gr6	Gr7	Gr8	Gr9	Gr10	Gr11	Gr12
Madagascar	20	31	38	45	**44**	31	31	36	**33**	20	19	68
Kenya	1	4	4	11	13	18	27	**62**	17	29	18	67
Ghana	8	10	14	15	17	**24**	17	18	**86**	14	19	92
Libéria	13	13	20	21	19	**21**	16	16	**14**	11	9	82
Mali	9	12	17	17	26	**19**	13	15	**21**	6	16	16
Nigéria	3	3	5	5	7	**46**	6	10	**19**	9	9	76
Sao Tomé-et-Principe	21	13	15	54	32	**31**	26	26	**17**	13	31	43
Sierra Leone	4	6	8	9	11	**15**	10	16	**23**	8	15	55
Bénin	10	15	19	20	21	**15**	9	12	14	**15**	8	10
Burkina Faso	17	22	33	34	34	**52**	30	33	32	**34**	15	14
Cameroun	8	12	15	18	28	**46**	51	31	34	**34**	22	12
Congo, RDC	16	23	27	28	32	**39**	29	35	35	**33**	28	70
Guinée	4	9	11	14	16	**15**	8	10	9	**10**	6	10
Niger	11	18	20	25	45	**32**	36	24	25	**30**	15	9
Sénégal	11	21	24	27	47	**30**	14	16	23	**20**	14	13
Malawi	7	13	17	22	28	**31**	39	43	33	**43**	23	71
Zambie	6	12	14	19	23	25	**48**	24	**54**	18	15	91
Namibie	8	10	12	13	17	19	**28**	29	46	**63**	41	83
Swaziland	7	11	13	19	20	29	**44**	33	39	**44**	28	85
Ouganda	6	12	19	22	32	42	**65**	34	42	38	**66**	18

Source : Gresham 2013.
Note : Les cellules grisées correspondent aux transitions entre les cycles.

Figure 2.4 Transitions scolaires chez les jeunes de 15 à 24 ans

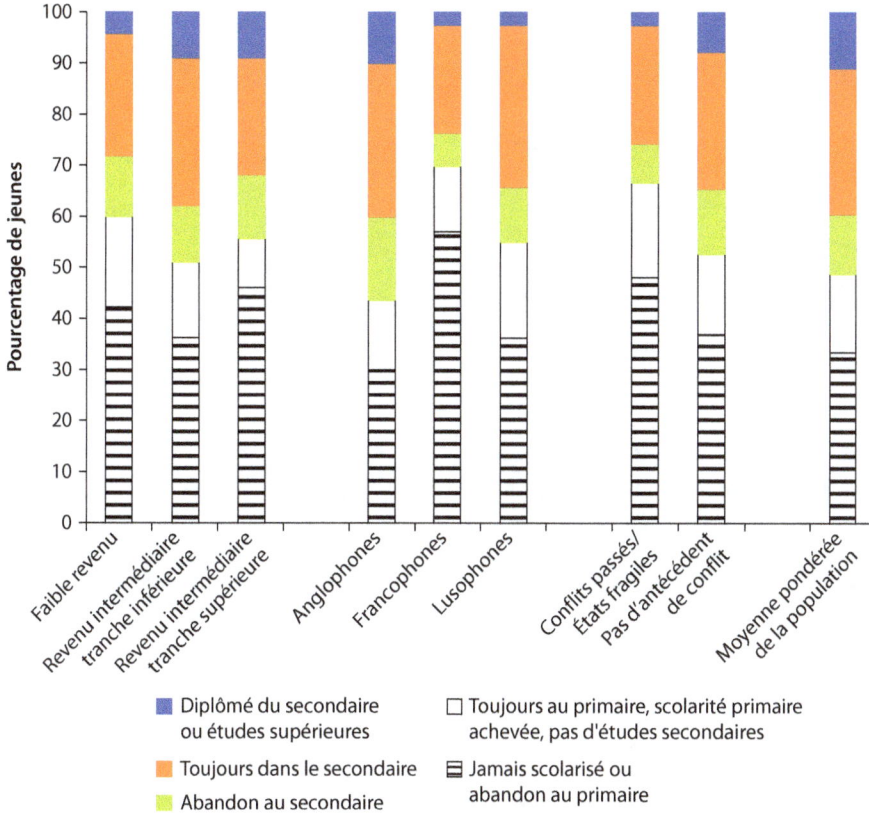

Source : Feda et Sakellariou 2013.

(figure 2.4). Le Kenya, le Nigéria et la Zambie s'en sortent particulièrement bien, avec la moitié environ des 15–24 ans scolarisés ou diplômés au secondaire. Parmi les pays francophones, le Cameroun obtient les meilleurs résultats avec 35 % de cette cohorte inscrite au secondaire et 22 % au primaire.

L'inscription scolaire tardive est un excellent prédicteur des schémas d'abandon. Dans toute l'Afrique subsaharienne, un retard d'inscription d'un an accroît la probabilité d'abandon de 9,2 %, même si les estimations varient considérablement d'un pays à l'autre. Ainsi, en Ouganda, chaque année de retard augmente cette probabilité de 2,2 %, et ce taux est supérieur à 20 % au Burundi et au Swaziland (figure 2.5). Bien sûr, ces inscriptions tardives ne sont pas la cause des abandons, mais témoignent de problèmes sous-jacents, sans doute associés à des problèmes d'offre ou de demande. Pour ce qui est de la demande, l'entrée tardive à l'école tient peut-être au fait que les parents n'ont pas de vraies raisons d'y envoyer leurs enfants. Du point de vue de l'offre, une scolarisation tardive peut signaler des difficultés ou une impossibilité d'accès à l'école. Elle pourrait aussi témoigner d'un

Figure 2.5 Scolarisation tardive et taux d'abandon

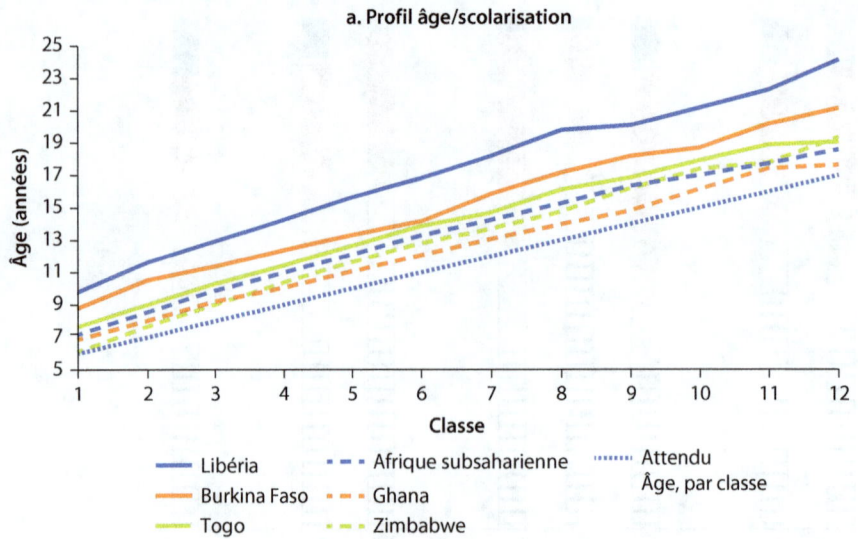

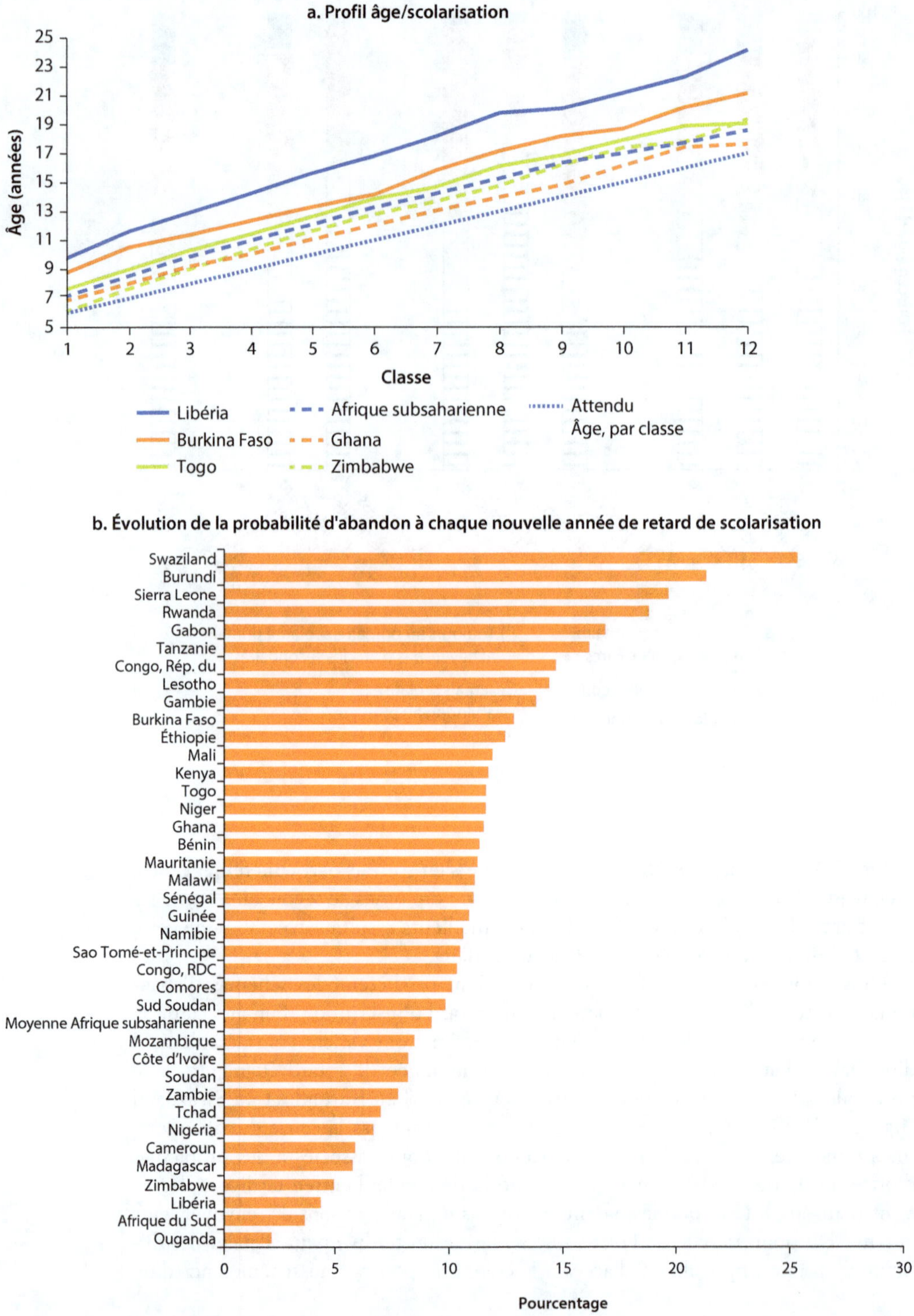

Source : Données d'enquêtes auprès des ménages pour diverses années.

manque de qualité : à titre d'exemple, des taux élevés de redoublement ont pour conséquence de retarder l'entrée dans les classes supérieures.

Disparités liées au genre

Même si les perspectives des deux sexes sont médiocres dans toute la région, les filles et les jeunes femmes ont moins de chance d'être scolarisées que les garçons et les jeunes gens. Le Lesotho et la Namibie sont les seuls pays de la région où l'écart entre les sexes semble favorable aux filles (d'après la différence entre les proportions de filles et de garçons NSD). Dans ces deux pays, seuls quelques rares enfants de la plus jeune cohorte ne vont pas à 'école. Les filles sont moins susceptibles de fréquenter l'école et risquent plus d'abandonner bien que les disparités se modifient à mesure que les jeunes grandissent. Même dans les pays où les écarts liés au genre décroissent avec l'âge, tels que le Niger, cela ne s'explique pas par l'amélioration des résultats des filles avec l'âge, mais plutôt avec l'aggravation de ceux des garçons. Les résultats sont désastreux pour tous et, bien que les garçons restent scolarisés en moyenne un peu plus longtemps que les filles, de très nombreux jeunes finiront par abandonner.

Chez les 12-14 ans, 22 % des filles et 20 % des garçons ne vont pas à l'école. Les taux d'abandon sont semblables pour les deux sexes dans la plus jeune cohorte, à savoir 6 % environ, mais les filles (16 %) sont plus nombreuses à n'avoir jamais fréquenté l'école. En moyenne, être une fille dans cette région réduit de 4 % la probabilité marginale d'aller à l'école, un effet beaucoup plus marqué dans les pays francophones (avec une baisse de 8,3 % de la probabilité marginale) et les pays qui ont connu des conflits (9,2 % de moins) (figure 2.6). Le désavantage induit par le genre est légèrement moindre dans les pays anglophones et les pays à revenu intermédiaire de la tranche inférieure que dans le reste de la région, avec une réduction de 3 % des chances pour les filles.

Les jeunes filles de 15–18 ans et de 19–24 ans sont plus désavantagées que les jeunes gens des mêmes cohortes, bien que les effets soient inversés chez celles qui parviennent au secondaire. Chez les 15-18 ans, une fille sur cinq n'est jamais allée à l'école, et un quart d'entre elles ont abandonné, des proportions plutôt importantes que chez les jeunes hommes de cette cohorte dont 14 % n'ont jamais fréquenté l'école et 21 % ont démissionné. Chez les 19-24 ans, 29 % des jeunes filles n'ont jamais fait d'études, contre 18 % des jeunes hommes, et elles sont 47 % à abandonner après s'être inscrites à l'école, contre 43 % des hommes (figure 2.7, panneau a).

L'incidence du genre s'amplifie avec la précocité du mariage, notamment lors des décisions précoces concernant l'inscription scolaire, l'abandon ou la poursuite des études (Feda et Sakellariou 2013). Dans la région, les filles non mariées ont les mêmes chances de fréquenter et d'achever l'école primaire que les garçons — à ce stade, le odds ratio pour les filles non mariées s'établit à 0,95 (un rapport de 1 implique une probabilité égale pour les deux sexes). Pour les filles mariées, le odds ratio chute à 0,22, ce qui signifie que la probabilité d'aller à l'école et d'achever le cycle primaire est cinq fois plus importante pour les garçons que pour les filles. Une fois le primaire achevé, les filles non mariées ont autant de chances que les garçons de poursuivre leurs études au secondaire. Cependant, la probabilité est là encore inférieure pour celles qui sont mariées, avec un rapport

Figure 2.6 Genre et scolarisation des jeunes de 12 à 14 ans

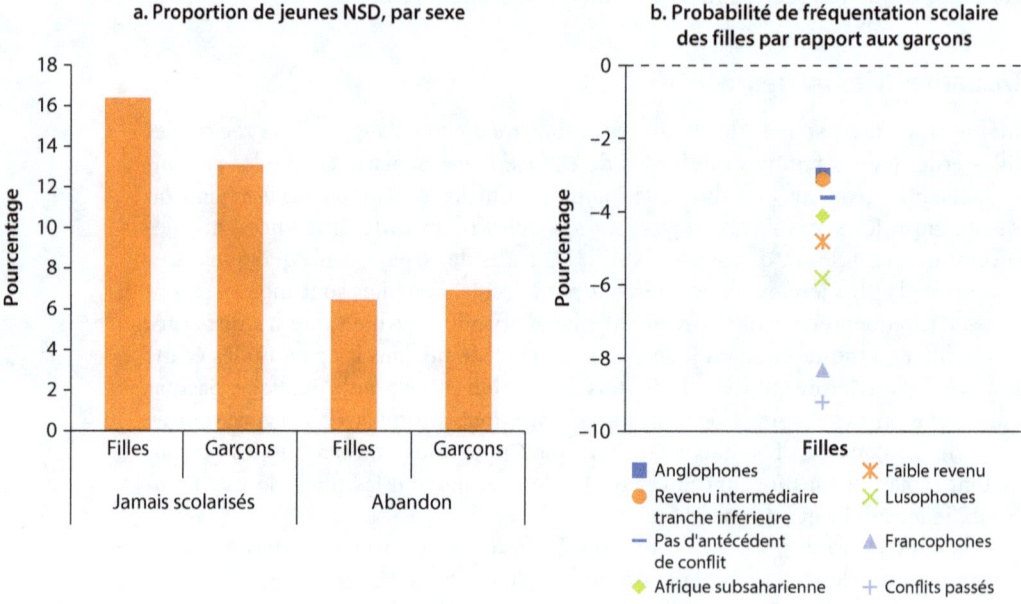

Sources : Feda et Sakellariou 2013 ; Gresham 2013.

de 3:5 pour l'inscription scolaire et de près de 1:10 de poursuivre au secondaire. L'effet du mariage s'inverse dès lors qu'une jeune fille surmonte les obstacles à l'inscription et à l'abandon : pour les femmes célibataires, le odds ratio est de 1,23 par rapport aux jeunes gens pour ce qui est de boucler les études secondaires à 24 ans. Les femmes mariées ont trois fois plus de chances d'y parvenir au même âge (figure 2.7, panneau b).

L'effet de la pauvreté et de la précocité du mariage est bien documenté dans les études publiées. Une étude longitudinale des jeunes du Kwazulu Natal (Afrique du Sud) a montré que la pauvreté a un impact bien plus marqué sur les filles, même si garçons et filles des ménages les plus pauvres n'ont guère de chance de poursuivre leur scolarité au secondaire (Hallman et Grant 2004). Les retards scolaires des jeunes africaines de 16 à 24 ans sont majoritairement dus aux grossesses : sont concernées 5 % des 16-17 ans, 20 % des 18-19 ans, 25 % des 20-22 ans et 28 % des 23-24 ans. En outre, la grossesse réduit de moitié les chances d'achever ses études secondaires. La pauvreté exacerbe elle aussi le désavantage des ruraux. Dans une étude (2007) des adolescents des grands centres urbains du Brésil, Cardoso et Verner ont constaté que la parentalité précoce et la pauvreté extrême sont les principaux facteurs conduisant à l'abandon.

Les écarts entre les sexes sont les plus marqués dans les pays à faible revenu, les pays francophones et les États fragiles ou en proie à un conflit (figure 2.8). Dans cet échantillon de 20 pays, le seul pays à revenu intermédiaire est la Namibie, qui se trouve aussi être le seul pays où les filles non scolarisées sont moins nombreuses

Figure 2.7 Genre et scolarisation des jeunes de 15 à 24 ans

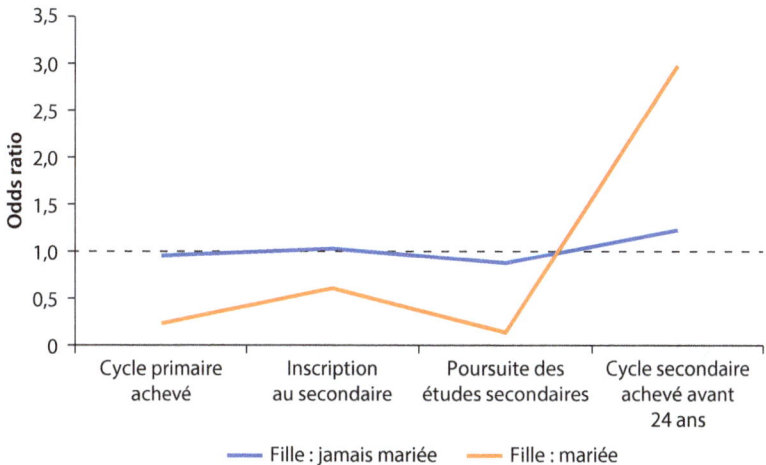

Sources : Feda et Sakellariou 2013 ; Gresham 2013.

que les garçons, tous groupes d'âge confondus. Dans tous les autres pays de la région pour lesquels des données sont disponibles, les filles sont plus défavorisées.

Mariées ou pas, les filles risquent bien plus d'être occupées à des tâches domestiques ou de travailler que de fréquenter l'école (en travaillant parallèlement ou non). La probabilité d'aller à l'école n'est pas différente chez les filles non mariées que chez les garçons (les différences sont statistiquement signifiantes, mais ne dépassent pas 3 % quel que soit le groupe de pays) ; dans les pays où les possibilités de travail sont rares, ces filles sont plus souvent inactives alors que les garçons travaillent. L'impact du mariage est surtout ressenti dans les pays qui ont par ailleurs

Figure 2.8 Disparités liées au genre : Différence de pourcentage de filles et de garçons NSD, par typologie de pays

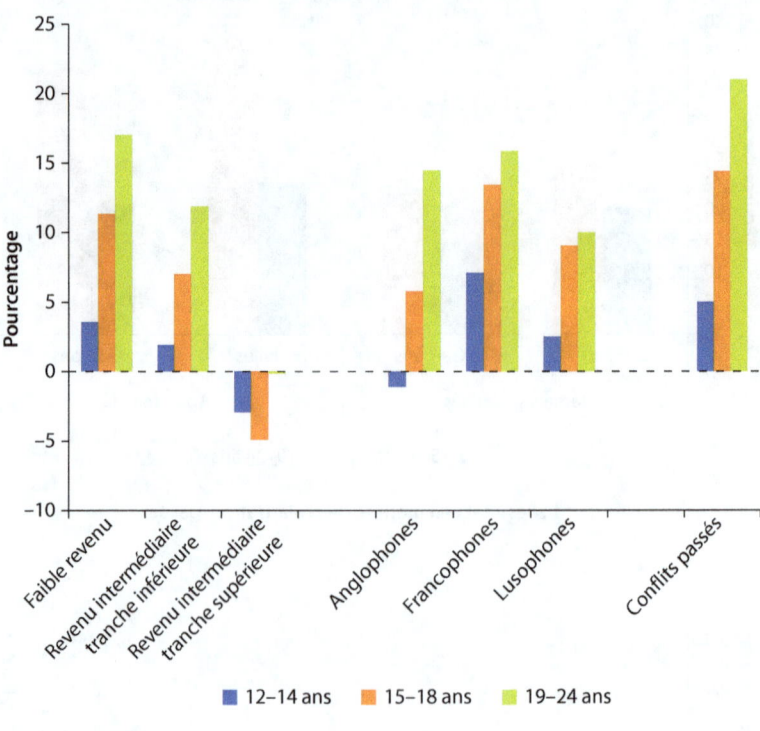

Source : Gresham 2013.

des résultats supérieurs à la moyenne régionale. Dans les pays anglophones par exemple, les femmes mariées de 15 à 24 ans sont le plus souvent inactives, dans une proportion de 16 % ; la probabilité qu'elles associent études et travail est 16 % moindre ; le risque qu'elles travaillent exclusivement est 30 % supérieur ; et elles ont 36 % de chances de moins que les garçons de pouvoir se consacrer entièrement aux études, le tout pour les mêmes groupes d'âge. Dans les pays lusophones, le mariage ne réduit pas nécessairement la probabilité de fréquenter l'école, mais semble contraindre un plus grand nombre de jeunes femmes à associer études et travail, sans pouvoir se concentrer exclusivement sur leur scolarité (figure 2.9).

Comparaison entre zones urbaines et zones rurales

Quel que soit le pays considéré, les ruraux fréquentent moins l'école que les jeunes des villes, et sont plus susceptibles de n'y être jamais allés. Dans l'ensemble de la région, 25 % des ruraux de 12–14 ans ne sont pas scolarisés, contre 14 % des jeunes urbains. Dans ce groupe d'âge, sept jeunes ruraux sur dix ne sont jamais allés à l'école, et trois sur dix seulement ont abandonné après y être allés pendant quelque temps (figure 2.10, panneau a). L'exclusion est un phénomène rural : dans cette cohorte, les pays qui comptent la plus forte proportion de ruraux NSD sont

Pourquoi les jeunes d'Afrique subsaharienne abandonnent-ils leurs études ?

Figure 2.9 Incidence marginale du genre sur les résultats en matière de scolarité/travail chez les jeunes filles de 15–24 ans, par rapport aux jeunes hommes du même âge, par typologie de pays

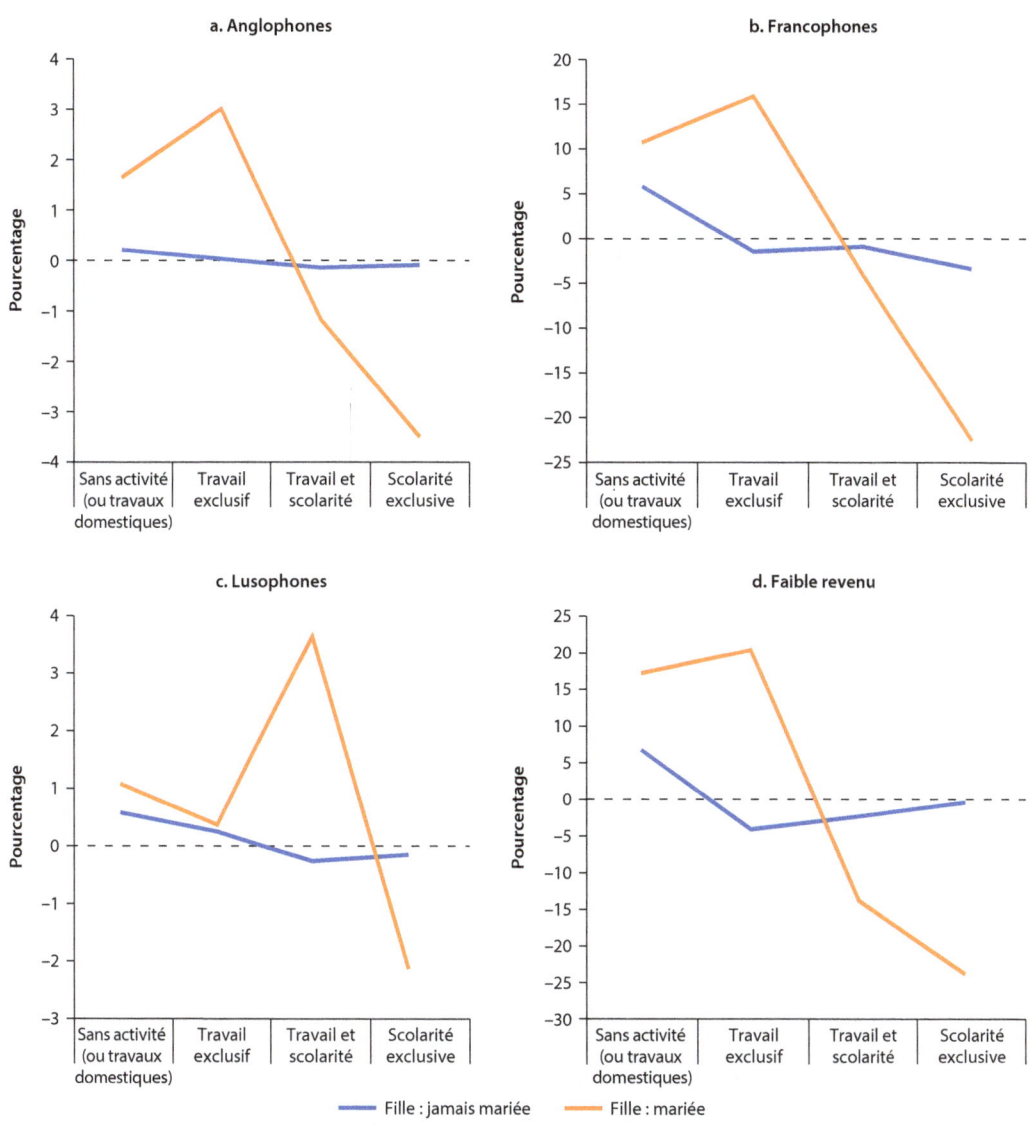

Suite de la figure page suivante

Figure 2.9 Incidence marginale du genre sur les résultats en matière de scolarité/travail chez les jeunes filles de 15–24 ans, par rapport aux jeunes hommes du même âge, par typologie de pays *(suite)*

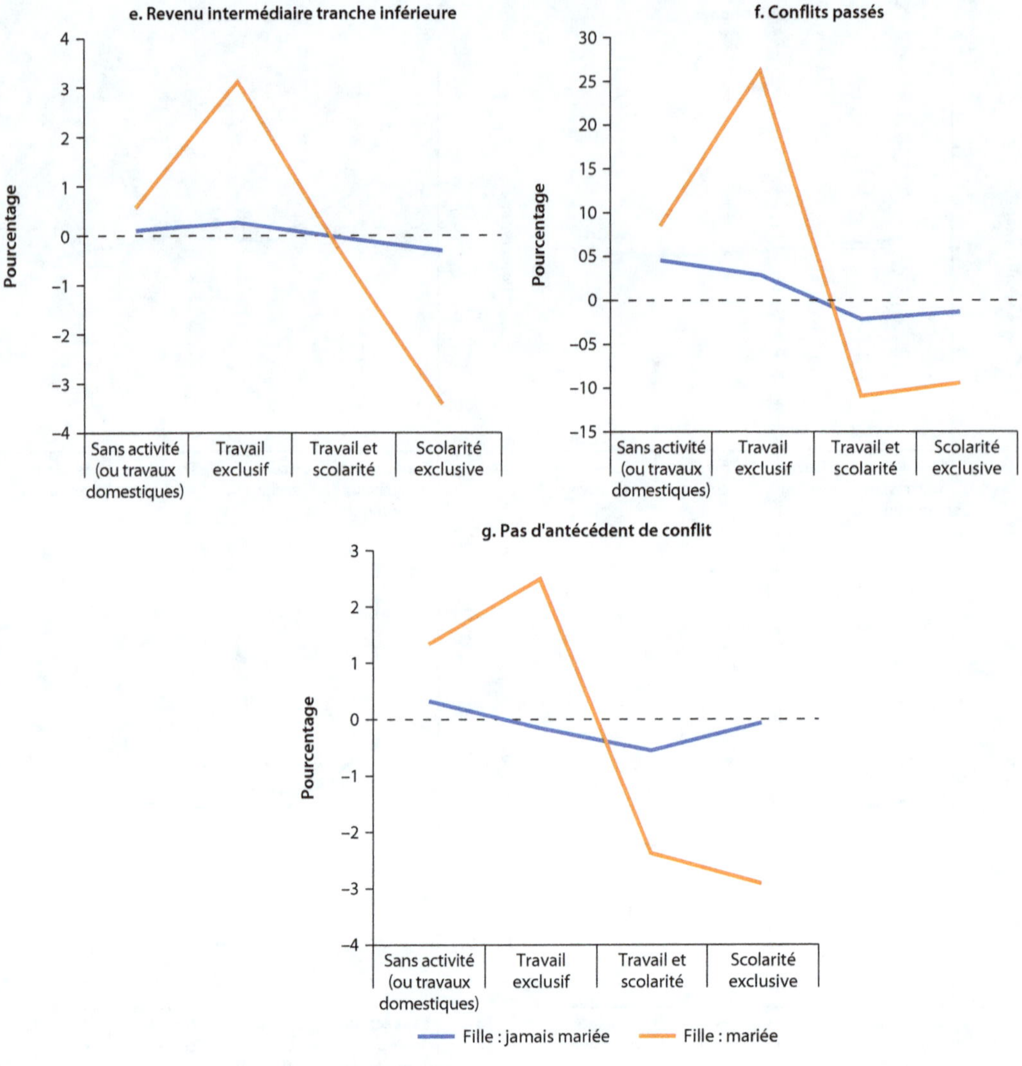

e. Revenu intermédiaire tranche inférieure

f. Conflits passés

g. Pas d'antécédent de conflit

— Fille : jamais mariée   — Fille : mariée

Source : Feda et Sakellariou 2013.

aussi ceux où l'on trouve le plus fort pourcentage de jeunes qui n'ont jamais fréquenté l'école. Au Mali, au Burkina Faso et au Sénégal par exemple, seulement un jeune rural sur dix a déjà mis les pieds à l'école. Dans la cohorte des plus jeunes, les urbains NSD sont plus nombreux à y être allés un jour et, dans des pays tels que la République du Congo, l'Ouganda et le Zimbabwe, les jeunes urbains NSD ont quand même tenté leur chance avant d'abandonner.

D'après des estimations de Feda et Sakellariou pour la région, la probabilité d'être scolarisé est 8 % supérieure chez les jeunes urbains que chez les ruraux.

Figure 2.10 Lieu géographique et fréquentation scolaire des jeunes de 12 à 14 ans

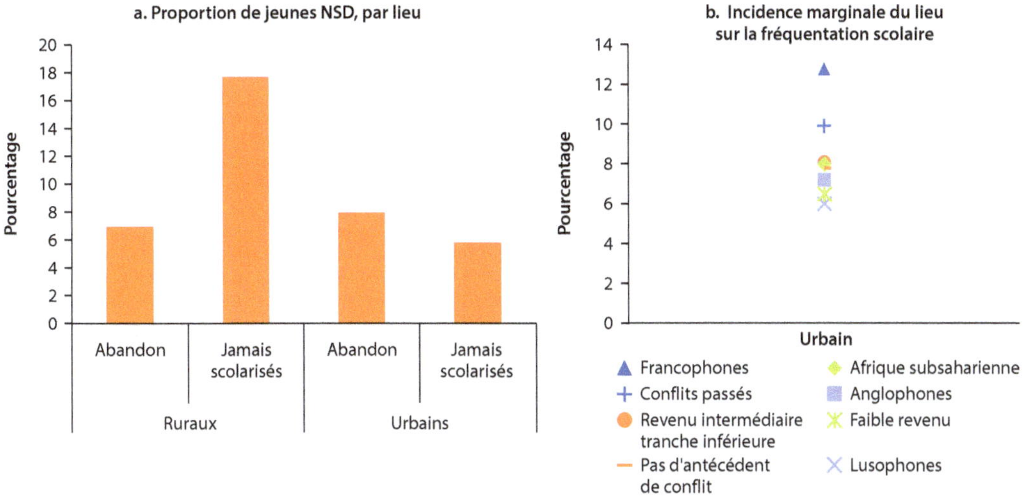

a. Proportion de jeunes NSD, par lieu

b. Incidence marginale du lieu sur la fréquentation scolaire

- ▲ Francophones
- ✚ Conflits passés
- ● Revenu intermédiaire tranche inférieure
- ▬ Pas d'antécédent de conflit
- ◆ Afrique subsaharienne
- ■ Anglophones
- ✕ Faible revenu
- ✗ Lusophones

Sources : Feda et Sakellariou 2013 ; Gresham 2013.

Cet effet est tout particulièrement ressenti dans les pays francophones (13 %) et dans ceux qui ont été en proie à des conflits (10 %) (figure 2.10, panneau b)[2].

Les écarts entre zones urbaines et zones rurales s'accroissent avec l'âge. Chez les 15-18 ans, 45 % des jeunes ruraux ne fréquentent pas l'école, contre 31 % des jeunes des villes. Ces pourcentages atteignent respectivement 77 % et 57 % chez les 19-24 ans. Une part notable des plus âgés a quelque expérience de l'école, ce qui indique que la plupart des jeunes s'y inscrivent assez tardivement. Ainsi, la moitié des ruraux NSD de 15–18 ans sont allés à l'école avant de démissionner, tandis que sept urbains sur dix ont suivi un enseignement d'un genre ou un autre avant d'abandonner. Chez les 19- 24 ans, ces taux s'établissent à 60 % et 76 % respectivement. Le lieu géographique a le plus d'impact aux premières transitions. Les jeunes urbains de 15–24 ans sont 1,5 fois plus susceptibles d'achever leur scolarité primaire, et la probabilité qu'ils s'inscrivent au secondaire est 1,6 fois supérieure. Les chances diminuent légèrement au moment des transitions ultérieures où les jeunes urbains ont un odds ratio favorable de 1,18 de poursuivre leurs études secondaires et de 1,14 de les achever à 24 ans. Les variations sont toutefois considérables d'un pays à l'autre. Dans les pays francophones, les jeunes urbains ont presque deux fois plus de chances d'achever leur scolarité primaire et de passer au secondaire. Une fois inscrits, le lieu géographique ne donne pas d'avantages particuliers aux étudiants du secondaire, les jeunes des villes et des campagnes ayant autant de chances de rester à l'école, bien que les jeunes urbains soient moins susceptibles d'achever leurs études secondaires, avec un ratio défavorable de 0,6 (figure 2.11).

Figure 2.11 Odds ratios pour diverses transitions, jeunes urbains de 15-24 ans, par typologie de pays

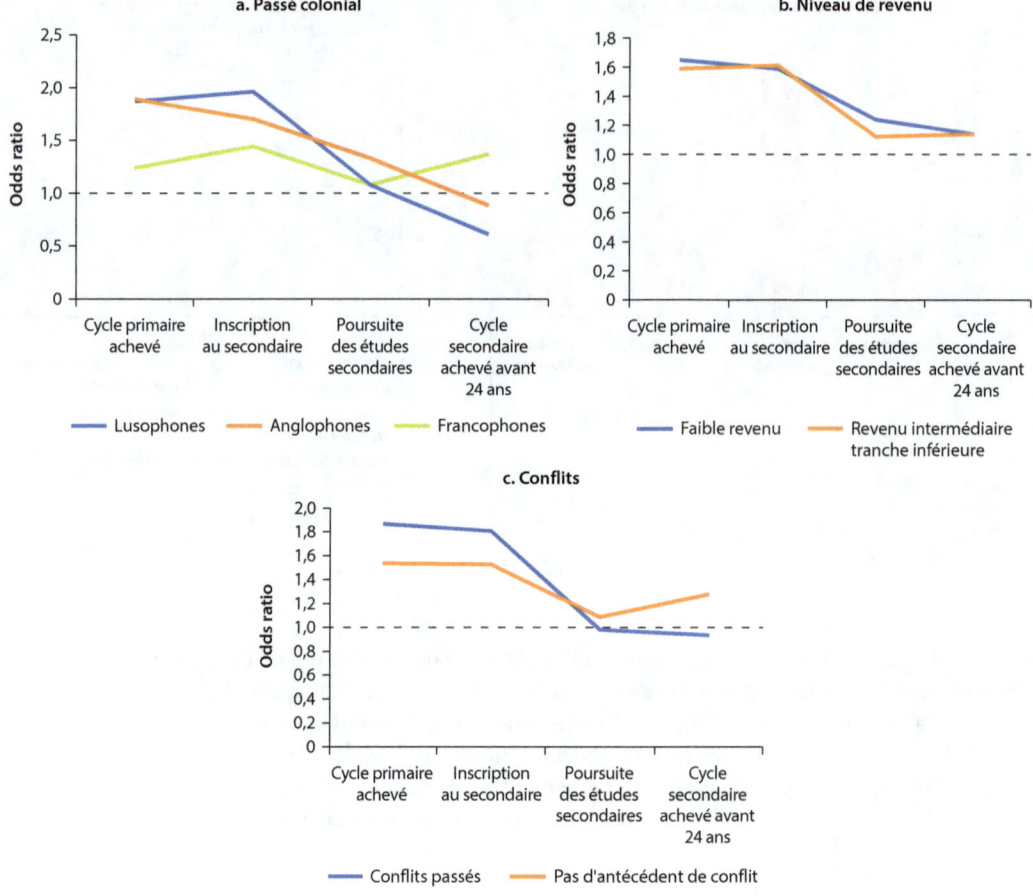

Source : Feda et Sakellariou 2013.

Caractéristiques des ménages et jeunesse NSD

Caractéristiques parentales

L'attitude des parents face à l'éducation influence beaucoup les résultats en matière de scolarité. Le niveau d'éducation des parents eux-mêmes est un indicateur important de leur position (Oreopoulos, Page et Stevens 2006). Pour Huebler (2011) par exemple, dans les 20 pays d'Afrique qu'il a analysés, les enfants dont les parents avaient achevé le cycle secondaire étaient 20 % plus susceptibles de fréquenter l'école, un constat corroboré par l'étude diagnostique et les analyses économétriques. Quel que soit leur âge, les jeunes ont plus de chance d'aller à l'école si leurs parents ont mené à terme leur scolarité primaire (par comparaison à ceux dont les parents n'y sont jamais allés ou n'ont pas bouclé le cycle primaire) ; la probabilité d'abandon est considérablement réduite quand le chef de famille a un diplôme secondaire ou supérieur.

Le niveau d'éducation parentale semble être le facteur fondamental qui influe sur les choix des 12-14 ans. Les jeunes issus de foyers où le chef de famille a achevé sa scolarité primaire sont 15 % plus susceptibles de fréquenter l'école que ceux de ménages dont le chef n'a pas ou peu d'instruction. Cet écart de probabilité passe à 20 % quand le chef de famille a mené à bien le cycle secondaire, laissant à penser que les adultes qui ont investi dans leur propre éducation sont plus enclins à le faire pour leurs enfants. Selon d'autres études, les enfants dont les parents s'intéressent à la scolarité et à d'autres aspects de leur existence risquent moins d'être non scolarisés ou déscolarisés (Rumberger 2001), ce qui pourrait faire du degré d'éducation parentale un bond indicateur indirect de l'implication générale des parents. Selon les analyses, cet effet est plus marqué dans les pays francophones, avec une amélioration de plus de 25 % de la probabilité d'être scolarisé (figure 2.12).

Parfois, les parents n'inscrivent pas leurs enfants à l'école parce qu'ils ont le sentiment que cela n'améliorera pas leur capacité de gain ou d'emploi. À tous les niveaux de scolarité, l'éducation se révèle particulièrement rentable en Afrique subsaharienne (Schultz 2003 ; Psacharopoulos et Patrinos 2004), ce qui ne paraît pourtant pas suffisant pour inciter davantage de jeunes à rester à l'école[3]. Cela pourrait tenir aux inégalités de rendement d'un groupe à l'autre (Fasih et al. 2012), ou encore au fait que ceux qui achèvent leurs études ne trouvent pas forcément du travail (Carneiro, Hansen et Heckman 2003). Les données d'enquêtes sur les ménages appuient ces hypothèses : les jeunes qui ont fait des études secondaires ou supérieures n'ont pas nécessairement de meilleures chances d'emploi. À titre d'exemple, au Burundi, au Cameroun, en Côte d'Ivoire, au Kenya, à Madagascar et au Nigéria, les taux de chômage sont plus importants chez les jeunes instruits que chez ceux qui n'ont pas poussé leurs études aussi loin (Garcia et Fares 2008). Le problème tient en partie à la rareté des emplois formels[4]. Boyle, Brock et Mace (2002) signalent qu'au Kenya, en Ouganda et en Zambie, il est fréquent que les parents ne scolarisent pas leurs enfants parce qu'ils pensent que cela ne leur garantira pas un emploi. Au Ghana, le rendement mesuré de l'enseignement secondaire dans le privé s'est rapidement amélioré dans les années 90 (Sackey 2008), mais pas pour ceux qui n'avaient pas accès à l'emploi salarié hors secteur agricole, à savoir principalement les jeunes ruraux. La majorité des actifs (82,5 %) sont des travailleurs indépendants ou travaillent dans l'agriculture, et l'éducation n'a guère de rentabilité pour ce segment de la population (Kingdon et Söderbom 2007). Dans les zones rurales du Ghana, la plupart des parents estiment que l'éducation ne présente aucun intérêt pour leurs enfants, car ils ont de fortes chances de devenir des travailleurs agricoles (Pryor et Ampiah 2003). En conséquence, avoir un emploi bien payé dans le secteur formel ne veut pas dire grand-chose pour bien des gens.

Le fait que les jeunes jugent l'éducation peu rentable influe aussi sur leur décision de fréquenter l'école. Leur décision est en outre fortement influencée par la perception qu'ils ont de la qualité de leur future école ; ils pourraient peut-être modifier leurs orientations s'ils changeaient d'avis sur les avantages tirés de l'achèvement de leur scolarité. Sur la base de données d'enquête sur des garçons de 7e année en République Dominicaine, Jensen (2010) a mis en évidence des perceptions très négatives quant à l'utilité de l'enseignement secondaire, et le simple fait de dire aux étudiants combien ils pourraient gagner de plus s'ils finissaient leurs études permet de les garder scolarisés trois ou quatre mois de plus au cours des quatre années suivantes.

Les caractéristiques du chef de famille sont importantes lors des transitions précoces, mais l'influence parentale s'amenuise dès que les jeunes sont inscrits au

Figure 2.12 Impact du niveau d'éducation du chef de famille sur la probabilité marginale des jeunes de 12-14 ans de fréquenter l'école, par typologie de pays

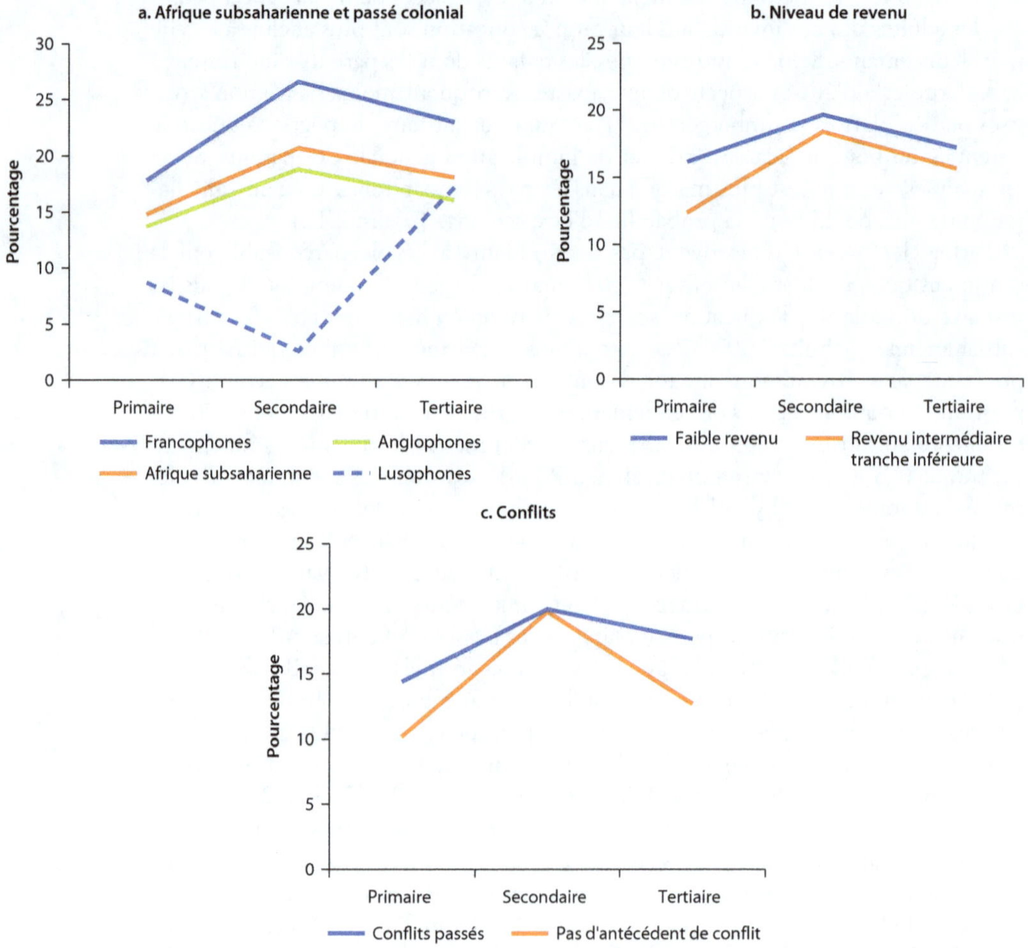

a. Afrique subsaharienne et passé colonial

b. Niveau de revenu

c. Conflits

Source : Feda et Sakellariou 2013.

secondaire. Ceux dont les parents ont achevé le cycle primaire ont de bien meilleures chances de suivre leur exemple et de passer au secondaire (3:1 et presque 2:1 respectivement) ; une fois inscrits au secondaire, leurs chances de rester scolarisés ne sont pas supérieures à celles d'autres enfants dont les parents n'ont pas bouclé le primaire. Quand les parents ont mené à terme leurs études secondaires ou obtenu des diplômes de troisième cycle, ils sont bien plus susceptibles de maintenir leurs enfants au secondaire et de les inciter à achever ce cycle (les chances sont de 2:1, et bien plus importantes au primaire où elles sont de 5:1 pour les enfants de foyers dont les parents ont terminé leurs études secondaires, par comparaison à ceux dont les parents n'ont pas d'instruction (figure 2.13, panneau a). Les effets du niveau d'instruction parentale sont particulièrement marqués dans les pays affichant de bons résultats d'éducation, comme les pays à revenu intermédiaire de la tranche

Figure 2.13 Odds ratios pour diverses transitions, jeunes de 15-24 ans

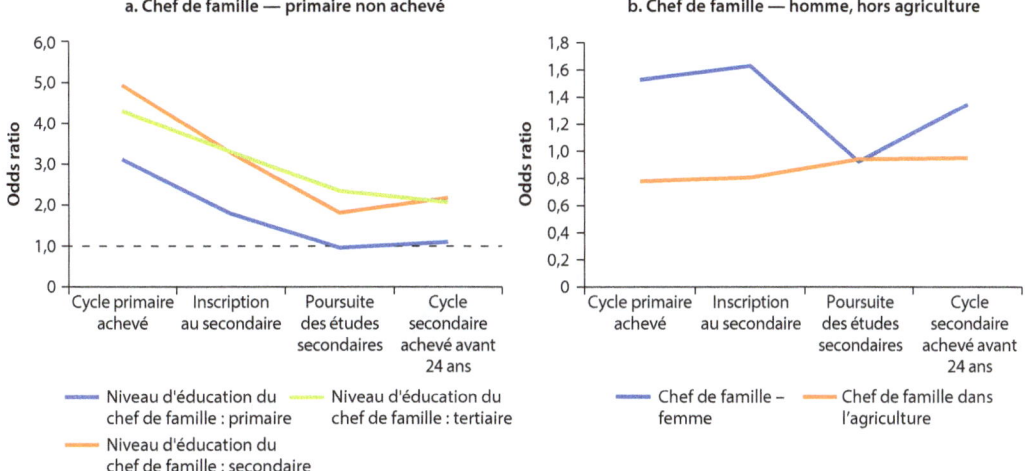

Source : Feda et Sakellariou 2013.

inférieure et les pays anglophones, et à leur niveau le plus bas dans les pays qui ont été ravagés par des conflits.

Enfin, lorsque le chef de famille travaille dans l'agriculture, les jeunes sont bien moins susceptibles d'achever le cycle primaire et de passer au secondaire (les chances sont de 0,8:1). L'influence du secteur agricole décroit à partir du moment où ils passent au secondaire. Les enfants venant de foyers dirigés par des femmes ont plus de chance d'achever leur scolarité primaire et de s'inscrire au secondaire (1,5:1 et 1,6:1 respectivement). À partir du moment où ils fréquentent l'école secondaire, leurs résultats sont les mêmes, quel que soit le sexe du chef de famille, sauf dans les pays à faible revenu où les jeunes de ménages dirigés par des femmes ont bien plus de chances d'achever le cycle secondaire dès lors qu'ils sont inscrits (figure 2.13, panneau b).

Revenu des ménages et fréquentation scolaire

La pauvreté est l'un des plus importants facteurs déterminant l'évolution de la scolarité. Quelle que soit la méthode utilisée, la quasi-totalité des études sur le niveau d'éducation et l'évolution des inscriptions conclut que les enfants de ménages pauvres ont moins de chance d'achever leur scolarité formelle[5]. L'analyse diagnostique révèle des disparités considérables dans la situation scolaire des jeunes issus des ménages les plus pauvres et les plus riches de la région. Globalement, un enfant sur cinq n'est pas scolarisé dans la tranche d'âge des 12-14 ans, mais les garçons de 12 ans appartenant à des ménages riches ont trois fois plus de chances d'être scolarisés que ceux du même âge dans les foyers les plus pauvres[6]. Lorsqu'on associe le niveau d'éducation du chef de famille et le revenu des ménages, les effets sont moins marqués, mais demeurent importants. Pour les 12-14 ans, la probabilité que les enfants d'un ménage fréquentent l'école s'accroît de 4 à 5 % à chaque nouveau quintile de revenu par rapport aux jeunes des ménages les plus pauvres. Les effets les plus marqués concernent les ménages du groupe de revenu intermédiaire, quel que soit le groupe de pays considéré, et sont d'autant plus ressentis dans les pays ayant des résultats d'éducation médiocres, comme les pays francophones et les pays à faible revenu. Les pays lusophones constituent le seul groupe où l'incidence marginale de la probabilité de fréquenter l'école s'accroît avec le niveau de revenu (figure 2.14, panneau a).

Alors que le niveau d'éducation parentale éclipse les effets du revenu pour les 12-14 ans, l'impact de la capacité de gain des ménages — mesurée par le nombre d'adultes en activité — reste important. Dans ce groupe, la probabilité d'aller à l'école s'accroît de 14 % si le ménage compte au moins un adulte en activité, plutôt qu'aucun, et passe à 21 % lorsque deux adultes ont un travail. À la différence du niveau de revenu, les effets marginaux de la présence d'adultes en activité sont les plus élevés dans les pays où les résultats de scolarité sont plutôt satisfaisants, comme les pays à revenu intermédiaire de la tranche inférieure et les pays anglophones (figure 2.14, panneau b).

Les effets du revenu sont moins marqués si l'on tient compte du niveau d'éducation parentale, bien qu'ils demeurent notables chez les 15-24 ans. Le revenu du ménage augmente les chances de rester scolarisé à toutes les phases de transition, un impact particulièrement ressenti à la deuxième transition où les chances de passer au secondaire sont de 1,8:1 pour les jeunes issus de ménages ayant une forte capacité de gain ; cet effet s'estompe toutefois dans les transitions supérieures, pour tomber à 1,4:1 en ce qui concerne l'achèvement du cycle secondaire. À ce stade, il n'y a plus de différence perceptible entre les jeunes des foyers les plus pauvres et ceux appartenant aux ménages du deuxième et du troisième quintile (figure 2.15, panneau a). L'effet du revenu se fait particulièrement sentir dans les

Figure 2.14 Impact du revenu et de la capacité de gain du ménage sur la probabilité marginale des jeunes de 12-14 ans de fréquenter l'école

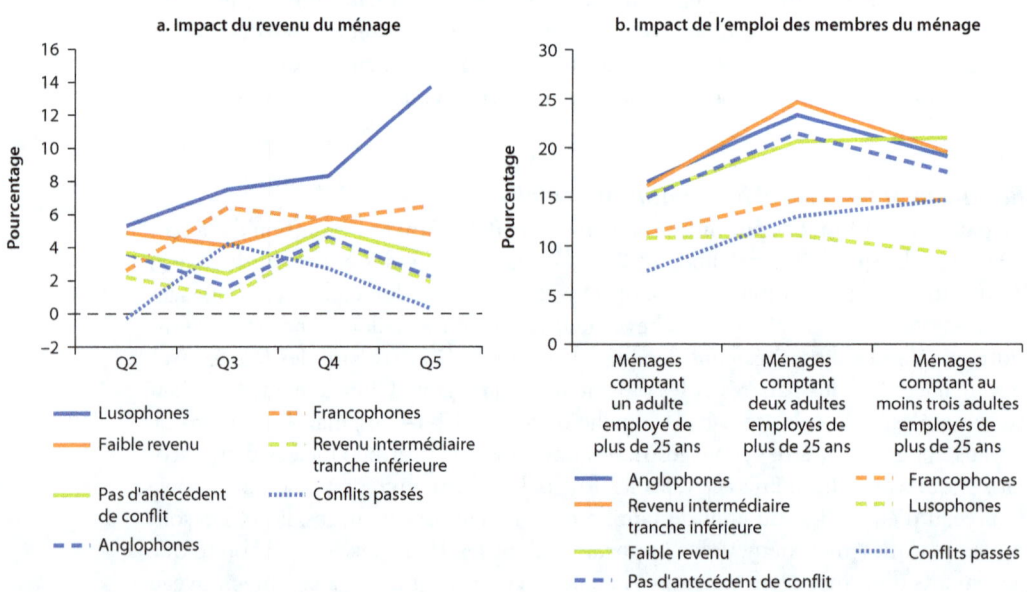

Source : Feda et Sakellariou 2013.
Note : Q = quintile.

pays lusophones où les jeunes des foyers les plus riches ont deux fois, voire plus de chances de passer au secondaire et de boucler ce cycle. De même, lorsqu'un foyer compte plusieurs adultes en activité, les 15–24 ans sont bien plus susceptibles de terminer leurs études primaires, de s'inscrire au secondaire et de rester scolarisés : même si le ménage ne compte qu'un seul adulte en activité, les chances de mener ses études secondaires à terme sont de 2:1. Il est intéressant de noter que c'est l'inverse pour l'achèvement de la scolarité avant 24 ans (figure 2.15, panneau b).

Les enquêtes sur les dépenses des ménages montrent que les frais de scolarité sont souvent rédhibitoires pour les foyers les plus pauvres. Selon une récente étude conduite dans 15 pays d'Afrique, les ménages consacrent en moyenne 4,2 % de leur budget à l'éducation, ce qui représente environ 1,7 % du produit intérieur brut (PIB) de ce groupe de pays, soit la moitié des dépenses publiques à l'éducation (Foko, Tiyab et Husson 2012)[7]. De manière générale, les ménages les plus pauvres consacrent une plus petite part de leurs revenus à l'éducation, soit 2,6 % dans ces mêmes pays. Cela pourrait sembler peu, mais si l'on examine les dépenses discrétionnaires (hors alimentation et logement), la part des dépenses d'éducation peut constituer jusqu'à un tiers du total (Boyle, Brock et Mace 2002, 71–72)[8]. Dans l'enseignement secondaire, la part des revenus du ménage consacrée aux frais de scolarité est plus importante que dans le primaire. En Côte d'Ivoire par exemple, les frais de scolarité à ce niveau représentent environ 38 % des dépenses des ménages, contre 27 % dans le primaire[9]. En Mauritanie, ce pourcentage peut grimper à plus de 60 %, et avoisiner 70 % au Rwanda. L'obstacle est insurmontable. Des résultats analogues ressortent de l'analyse diagnostique des données d'enquêtes

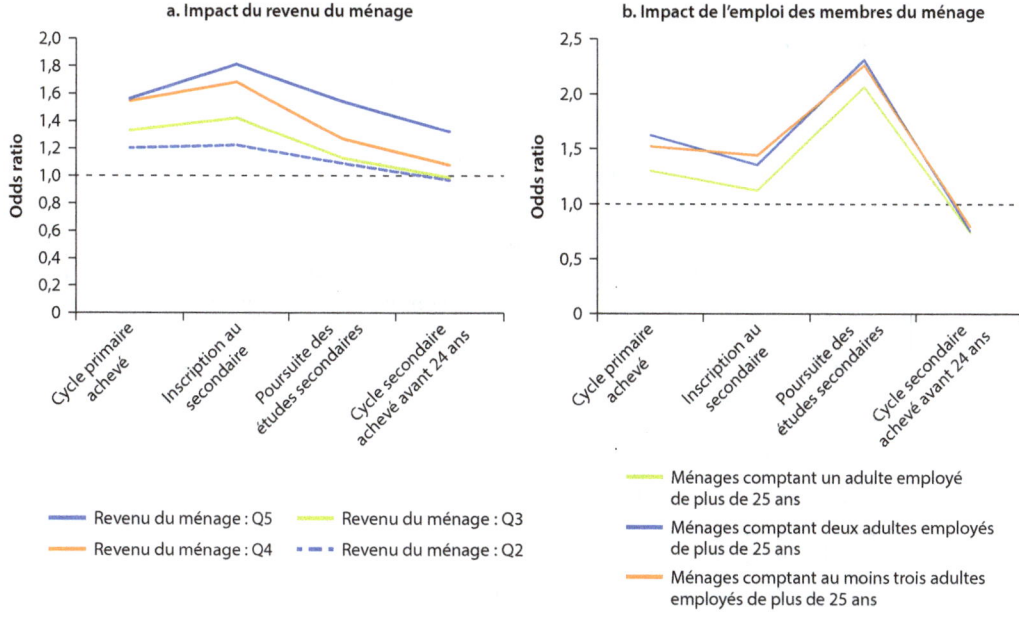

Figure 2.15 Impact du revenu et de la capacité de gain du ménage sur le odds ratio des jeunes de 15-24 ans à diverses transitions

Source : Feda et Sakellariou 2013.
Note : Q = quintile.

sur les ménages (figure 2.16). Dans la région tout entière, les dépenses d'éducation des ménages représentent environ 5 % des dépenses totales. Un tiers des jeunes NSD de 12-14 ans viennent de foyers qui invoquent les coûts de scolarité comme principale raison de non scolarisation ou d'abandon, et les chiffres sont encore bien plus élevés dans des pays à faible revenu comme le Burkina Faso et l'Éthiopie. En Ouganda, 25 % des ménages les plus pauvres citent en priorité le manque d'argent pour expliquer que leurs enfants ne fréquentent pas l'école, et plus de la moitié de ces ménages les sortent du secondaire, au moins temporairement, parce qu'ils ne peuvent pas payer les frais de scolarité. En Zambie, les pourcentages s'établissent à 36 % et 62 % au niveau du secondaire. Au Cameroun, au Kenya, au Lesotho, au Malawi, en Ouganda, en Tanzanie et en Zambie, la suppression des frais de scolarité primaire a fait grimper les inscriptions, et des mesures de ce type pourraient inciter les étudiants à s'inscrire au secondaire et à boucler ce cycle.

Choix entre travail et scolarité

Le travail fait partie intégrante de l'existence de nombreux jeunes et enfants d'Afrique subsaharienne, scolarisés ou non. Les enfants commencent à travailler très jeunes ; selon des données concernant 25 pays de la région, 38 % en moyenne des 7-14 ans sont économiquement actifs, qu'ils travaillent à domicile ou à l'extérieur, contre rémunération ou non, et 15 % d'entre eux n'ont d'autre choix que de travailler, sans fréquenter l'école. On estime que 60 millions des jeunes de 15-24 ans travaillent et que 28,3 millions d'entre eux se partagent entre travail et étude. Au Soudan et en République du Sud Soudan, environ un enfant sur quatre va à l'école tout en travaillant parallèlement ; au Burkina Faso, au Mali et au Niger, la proportion est de trois sur dix. À l'autre bout du spectre, au Malawi et en Ouganda, environ neuf enfants sur dix sont économiquement actifs et jonglent entre travail et scolarité. De manière systématique, ils assument leur part des corvées ménagères et travaillent pour compléter les revenus du ménage, parfois incités à le faire par leurs parents, car le travail est vu comme une valeur (Moyi 2011). Tout comme les résultats de scolarisation, le travail des enfants est négativement corrélé au revenu des ménages. En Afrique subsaharienne par exemple, la probabilité de travailler est 16 % moindre chez les enfants des foyers les plus riches par rapport à ceux du quintile le plus pauvre (Huebler 2011)[10].

Tout événement pesant sur le revenu des ménages risque de contraindre les jeunes à quitter l'école. La décision peut être temporaire, pour sortir la famille de l'embarras, ou parce qu'il n'y a parfois pas assez d'argent pour payer les frais de scolarité. Selon les Nations Unies, 47 000 enfants ont dû quitter l'école pour aider leur famille lors de la sécheresse qui a sévi au Niger en 2012 (Huyghe et Mebrahtu 2012)[11]. Ferreira et Schady (2008) ont établi que chez les plus pauvres, les chocs économiques et la perte concomitante de revenu parental risquent davantage de pousser les enfants hors de l'école, même lorsque le climat économique défavorable limite aussi leurs chances de gagner quelque argent. D'après les auteurs, les chocs économiques ont conduit à une chute des taux d'inscription dans les pays à faible revenu, alors qu'ils les ont poussés à la hausse dans les pays à revenu élevé. D'autre part, les filles sont plus susceptibles de subir le contrecoup des chocs économiques, notamment dans les pays où leur taux de scolarisation est déjà faible (Gubert et Robilliard 2006). D'autres événements réduisent le revenu familial, comme le décès d'un parent, risquant ainsi d'exclure les enfants de l'école. En Afrique du Sud

Figure 2.16 Coût de l'éducation et dépenses d'éducation des ménages

a. Proportion de jeunes NSD qui imputent principalement leur abandon au coût de l'éducation, par pays

b. Dépenses d'éducation des ménages, par pays

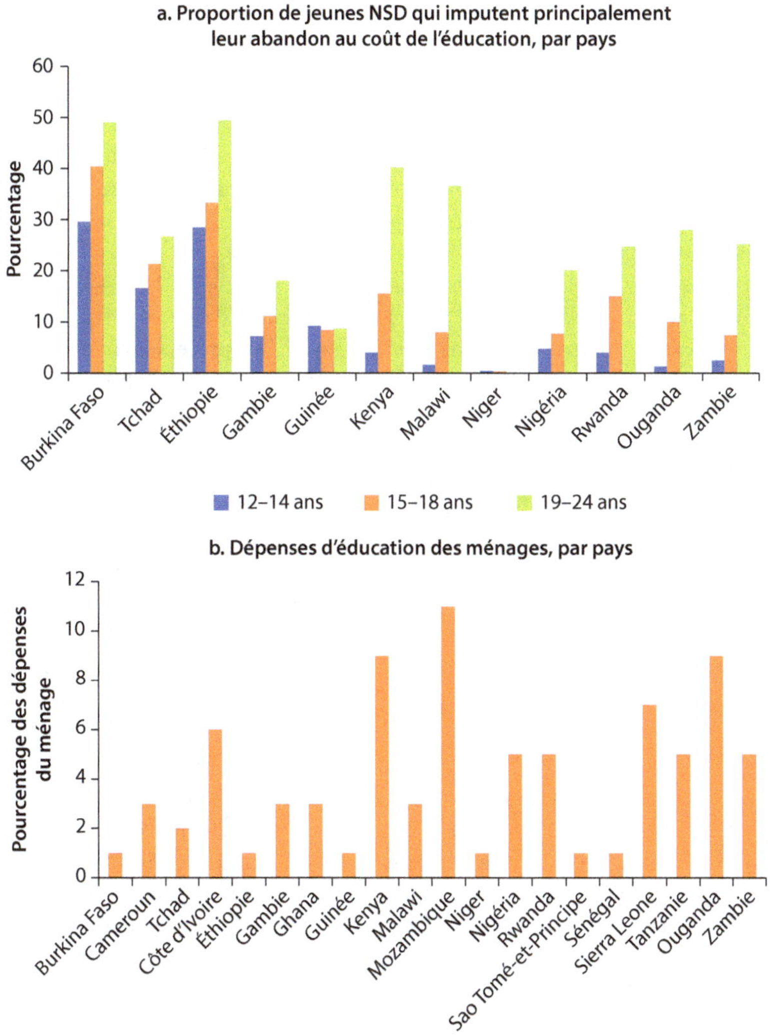

Sources : Feda et Sakellariou 2013 ; Gresham 2013.

par exemple, il a été démontré que la mort d'un parent pèse sur les résultats de scolarisation (Case et Ardington 2004). De même, en Éthiopie, un enfant qui perd sa mère entre huit et 12 ans à moins de chance de fréquenter l'école ou d'apprendre à lire ou à écrire (Himaz 2009)[12]. De manière générale, l'impact de ces chocs est mieux encaissé et a une moindre incidence sur la scolarisation des jeunes lorsque plusieurs membres adultes du ménage ont un travail.

La situation des jeunes, scolarisation ou travail, dépend fortement du secteur d'emploi du ménage, de son niveau de revenu et de sa capacité de gain. La probabilité marginale d'aller à l'école baisse de 6 % chez les jeunes appartenant à des ménages dont les membres travaillent dans l'agriculture, tandis que la probabilité marginale de travailler sans fréquenter l'école s'accroît de 13 % dans ce même groupe (figure 2.17, panneau a). L'effet du secteur d'emploi est particulièrement ressenti dans les pays à faible revenu. L'impact du niveau de revenu des ménages reste considérable, même après prise en compte du degré d'instruction du chef de famille. La probabilité de se consacrer exclusivement à ses études est supérieure de 4 % chez les jeunes issus de ménages aisés par rapport à ceux de foyers pauvres, et le risque de travailler sans étudier est plus faible de 7 % chez les premiers (figure 2.17, panneau b). L'incidence de la progression des revenus du ménage sur la problématique scolarité/travail se fait beaucoup plus sentir dans les pays à faible revenu et dans ceux qui ont connu des conflits.

Les jeunes issus de ménages ayant une bonne capacité de gain — mesurée par le nombre d'adultes en activité — ont plus de chance de se consacrer entièrement à leurs études que d'être constamment au travail. La présence d'un ou de deux adultes en activité (plutôt qu'aucun) réduit de 15 à 18 % la probabilité qu'un jeune ne fasse que travailler, et accroît de 14-15 % les chances qu'il soit scolarisé sans devoir travailler (figure 2.17, panneau c). L'impact de l'existence d'adultes en activité sur la situation des jeunes est particulièrement sensible en Afrique australe[13] où la présence de deux adultes en activité augmente de 30 % la probabilité qu'un jeune puisse se consacrer exclusivement à ses études.

Les attitudes et les habitudes des jeunes — qui sont façonnées par leur milieu et les attentes dont ils font l'objet — influencent aussi beaucoup leur situation vis-à-vis de l'éducation. Des études toujours plus nombreuses mettent l'accent sur les aptitudes non cognitives pour expliquer les écarts dans les résultats d'éducation et les conditions de vie. Selon ces recherches qui ont été résumées par Heckman (2000), Carneiro et Heckman (2003) et Cunha et al. (2006), les compétences non techniques — comportement, traits de personnalité, objectifs, motivations et préférences — ont une forte influence sur les décisions d'éducation ainsi que sur un très large éventail de comportements à risque (Rumberger et Lamb 2003 ; Heckman, Stixrud et Urzua 2006). Des jeunes qui semblent tirer des avantages financiers de leur scolarité abandonnent parce qu'ils n'ont pas les capacités nécessaires pour étudier, écouter et se concentrer sur une tâche, parce qu'ils n'attendent pas grand-chose d'eux-mêmes ou encore parce qu'ils sont facilement démoralisés quand ils ont de mauvais résultats, bref lorsque leur scolarité leur pèse au plan psychologique (Heckman et Kautz 2012)[14]. Ainsi, le manque d'ambition, surtout lorsqu'il est exacerbé par une motivation insuffisante, un manque d'encadrement scolaire et une mauvaise appréciation de la rentabilité de l'éducation, pourrait inciter à la démission dans des proportions bien supérieures à ce que l'on avait imaginé jusque-là (Thomas, Webber et Walton 2002). Une étude réalisée auprès de jeunes qui ont abandonné leurs études secondaires entre 16 et 25 ans a par exemple révélé que dans sept cas sur dix, ces jeunes n'étaient pas motivés ou n'avaient pas envie de travailler dur, alors même qu'ils étaient à peu près sûrs de réussir s'ils s'attelaient à la tâche (Bridgeland, Dilulio et Morison 2006). Indépendamment des difficultés académiques, il semblerait que les abandons soient souvent dus au manque de possibilités de rattrapage en cas d'échec dans certaines matières et à l'ennui (Berliner et al. 2008).

Les aptitudes sociales, acquises ou héritées, sont également déterminantes sur l'évolution de la scolarité des jeunes, pour des raisons sans rapport avec la pauvreté. D'après diverses études sur l'importance du savoir être, les interventions

Figure 2.17 Impact de diverses caractéristiques économiques des ménages sur la probabilité marginale des jeunes de 15-24 ans de fréquenter l'école ou de travailler

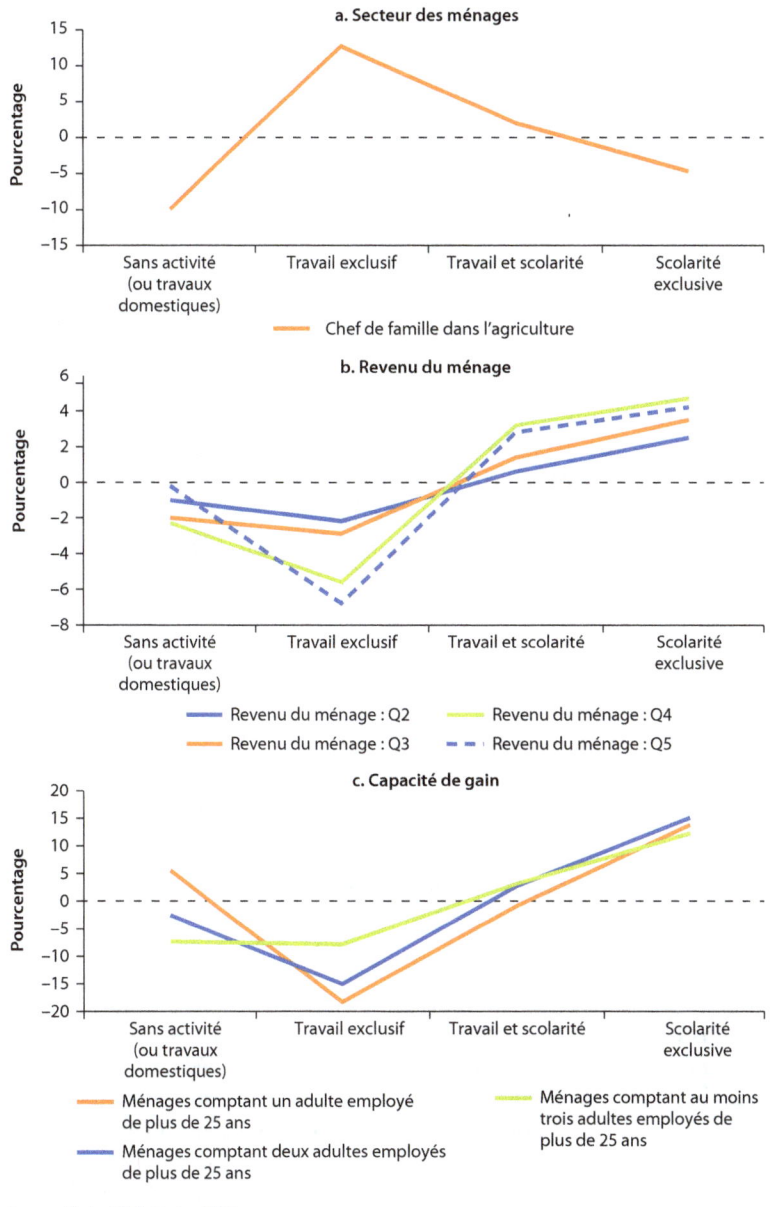

Source : Feda et Sakellariou 2013.
Note : Q = quintile.

visant à éliminer ou atténuer les obstacles liés aux revenus ou à améliorer les compétences cognitives risquent de ne pas aboutir si les enfants n'acquièrent pas précocement les aptitudes sociales nécessaires. En outre, certains traits de caractère transmis génétiquement ou non par les parents, comme le manque d'estime de soi, déterminent une scolarité médiocre et une évolution problématique chez les générations suivantes. Les mesures stratégiques ou correctives visant à combler le manque d'aptitudes sociales ne sont pas toujours des choix confortables pour les administrateurs d'écoles. Premièrement, la transmission des « valeurs » importantes pour la scolarité et la vie quotidienne est généralement considérée comme la responsabilité des familles. Ainsi, les familles aimeraient-elles que l'école enseigne qu'il est bon d'être agressif ou arriviste ? En outre, il est quasiment impossible de définir le juste équilibre de ces différents traits de personnalité (Bowles, Gintis et Osborne 2001) ou de les rattacher directement aux chances face à l'emploi. À titre d'exemple, un essai randomisé conduit par la Banque mondiale a montré que les retombées du développement des compétences non techniques se faisaient sentir plus longtemps que celles des aides à l'emploi, sans nécessairement conduire à une amélioration immédiate de l'emploi. Ces effets sont également difficiles à mesurer. La subvention des coûts salariaux avait un impact considérable sur l'emploi à court terme, mais ces effets disparaissaient presque totalement à l'arrêt des subventions. La formation aux compétences psychosociales n'avait pas d'effet à court terme sur l'emploi, mais contribuait effectivement à plus d'ouverture face à la vie et au recul de la dépression, ce qui laisse à penser que son impact déborde largement le seul marché du travail (Groh et al. 2012).

Enfin, l'attitude des jeunes à l'égard de l'école est influencée par leurs pairs. Lorsque ces derniers ne font pas d'études, les jeunes sont plus susceptibles d'abandonner (Audas et Willms 2001 ; Thomas, Webber et Walton 2002) et d'adopter des comportements délétères, tels que la toxicomanie et l'alcoolisme (Ellickson et al. 1998 ; Roebucka, French et Dennis 2004). Les jeunes des zones urbaines défavorisées qui laissent tomber au secondaire ont souvent pour amis des jeunes qui ont fait le même choix (Chugh 2011). En fait, ceux qui renoncent à l'école ont des amis très différents de ceux qui choisissent de s'accrocher : ceux qui risquent d'abandonner ont souvent peu d'amis, mais au moins un qui a interrompu ses études, est déjà diplômé ou a commencé à travailler (Ellenbogen et Chamberland 1997).

Caractéristiques des établissements scolaires

Les difficultés d'accès à l'école comptent parmi les premiers freins à la scolarité des enfants. Quand les capacités sont insuffisantes, l'accès devient problématique pour les communautés pauvres et rurales pour qui des obstacles, tels que la distance, les conditions d'entrée et les examens en fin de cycle peuvent être rédhibitoires. Dans les campagnes où les écoles sont souvent très éloignées, les parents ne scolarisent pas leurs enfants, garçons ou filles, parce qu'ils craignent pour leur sécurité (Boyle, Brock et Mace 2002 ; Nekatibeb 2003 ; Verspoor et Bregman 2008). Bien qu'il n'existe pas de données sur le secondaire, les enquêtes sur les ménages révèlent que la moitié d'entre eux environ vit à au moins à 30 minutes d'une école primaire (figure 2.18). Dans les zones rurales d'Afrique, il est fréquent que les parents sortent leurs enfants du primaire, car ils sont persuadés qu'ils ne pourront pas passer au secondaire. Des données sur le Tchad et le Sénégal portent à croire que l'apparente indifférence des parents à l'égard de la scolarité pourrait tenir à l'absence d'écoles à proximité : quand les écoles sont à plus d'un kilomètre, les taux d'inscription chutent à un niveau négligeable (Lehman 2003).

La qualité de l'enseignement est aussi un facteur important pour la fréquentation scolaire[15]. Les taux de rétention augmentent avec la qualité de l'enseignement.

Figure 2.18 Distance des écoles primaires, pour les jeunes NSD

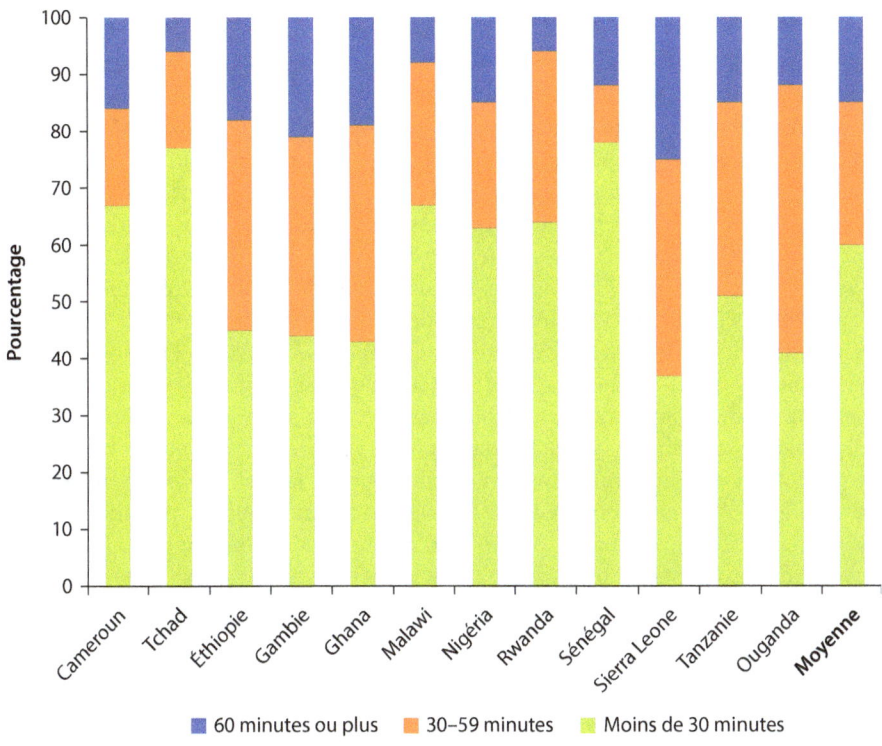

Source : Feda et Sakellariou 2013.

En s'appuyant sur des données provenant d'une enquête longitudinale sur les élèves du primaire en République arabe d'Égypte, Hanushek, Lavy et Hitomi (2006) ont montré qu'à tous les niveaux d'aptitude et de résultats, les élèves sont plus susceptibles de poursuivre lorsque l'enseignement est de qualité. À défaut, parents et enfants s'en désintéressent. La médiocrité de l'enseignement et l'absence de motivation sont des facteurs déterminants qui pèsent sur l'avancement et les progrès des élèves (Hardre et Reeve 2003). Ces facteurs sont exacerbés par d'autres éléments touchant à l'administration des écoles, comme le manque d'objectifs clairs et rigoureux : les élèves qui abandonnent considèrent que les enseignants s'intéressent peu à eux et tiennent la discipline scolaire pour inefficace et injuste (Audas et Willms 2001). De même, les élèves sont plus susceptibles de démissionner quand les enseignants sont régulièrement absents ou que les écoles ignorent les besoins et usages locaux (comme les croyances religieuses), ne rendent pas compte aux parents ou aux étudiants ou quand elles manquent du confort minimum, eau potable et toilettes par exemple (Hunt 2008). Les jeunes bien encadrés par leurs enseignants sont davantage motivés à poursuivre (Thomas, Webber et Walton 2002) et, parallèlement, les enseignants qui attendent peu de leurs classes ou se désintéressent des élèves en difficulté contribuent à leur abandon : les jeunes des bidonvilles de Delhi qui abandonnent leurs études au secondaire racontent que les enseignants s'en prennent souvent aux étudiants en difficulté en les insultant, en les frappant ou en leur infligeant des corvées de nettoyage (Chugh 2011). Parfois même, les comportements de l'enseignant sont la raison même pour laquelle les étudiants préfèrent ne pas aller à l'école du tout. En République démocratique du Congo, les étudiants font état d'abus sexuels répétés de la part des enseignants et certaines filles préfèrent quitter l'école par peur d'être abusées ou parce qu'elles l'ont été (Seymour 2011).

Les données d'enquêtes sur les ménages réalisées dans 12 pays d'Afrique subsaharienne montrent que la qualité est une dimension importante pour tous les groupes d'âge. Seulement 5 % des jeunes de 12-14 ans imputent principalement leur abandon à la médiocrité des conditions d'enseignement, tous pays confondus (moyenne non pondérée), mais seulement un quart des enfants de cette tranche d'âge n'est pas scolarisé. Chez les 15-18 ans, la part des étudiants qui ont renoncé à leurs études en raison de la médiocrité de l'enseignement passe à 10 %, mais la proportion totale de jeunes NSD est aussi bien plus élevée, de l'ordre de 45 %. De même, 15 % des jeunes justifient leur abandon par les insuffisances de l'enseignement mais, dans ce groupe, les trois quarts ne sont pas scolarisés. Globalement, les problèmes de qualité comptent davantage à mesure que les jeunes vieillissent. La proportion de jeunes qui imputent essentiellement leur abandon à la médiocrité des conditions d'enseignement s'accroît avec l'âge dans tous les pays de l'échantillon (figure 2.19). Au Niger, où les taux d'inscription tombent à 20 % dans la cohorte des étudiants les plus âgés, plus de la moitié des jeunes NSD de ce groupe (contre un cinquième des 12-14 ans) invoque le manque de qualité comme cause première d'abandon.

Quand les normes d'enseignement sont faibles et que l'encadrement fait défaut, les étudiants en difficulté démissionnent. Les jeunes qui se retrouvent en difficulté au secondaire en raison d'acquis insuffisants au niveau élémentaire, et qui n'ont ni soutien scolaire, ni cours de rattrapage, sont bien plus susceptibles d'abandonner leurs études. S'il est vécu comme embarrassant, le redoublement peut inciter les étudiants à déclarer forfait. Une étude a montré que, dans les bidonvilles de New Delhi, un enfant sur cinq qui abandonnent au secondaire explique surtout

Figure 2.19 Proportion de jeunes qui imputent principalement leur abandon à la médiocrité des conditions d'enseignement

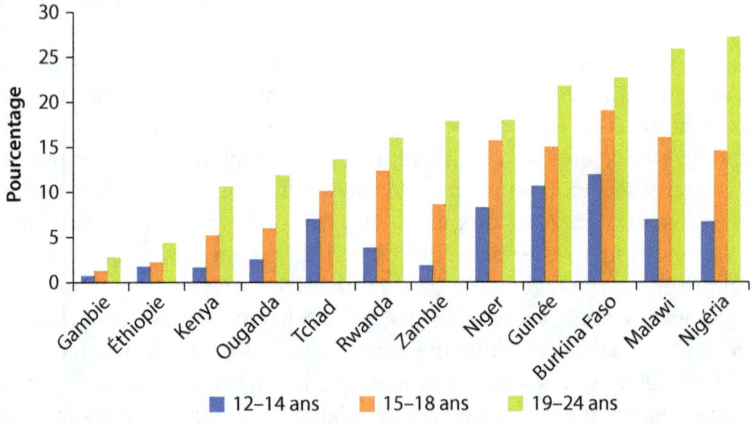

Source : Gresham 2013.

sa décision par son échec scolaire. En Afrique subsaharienne, les taux de redoublement sont particulièrement élevés au secondaire. En Angola, au Burundi, au Cap-Vert et en Namibie, les redoublants en première année du secondaire représentent quasiment un quart des étudiants. Dans la plupart des pays de la région, le pourcentage de redoublants décroît en deuxième et en troisième année, pour augmenter de nouveau en quatrième année, à savoir au passage au deuxième cycle du secondaire. À ce dernier stade, les plus forts pourcentages de redoublants sont enregistrés au Bénin, en Côte d'Ivoire, au Mali, au Tchad et au Togo (figure 2.20).

Figure 2.20 Redoublants au premier et au second cycle du secondaire

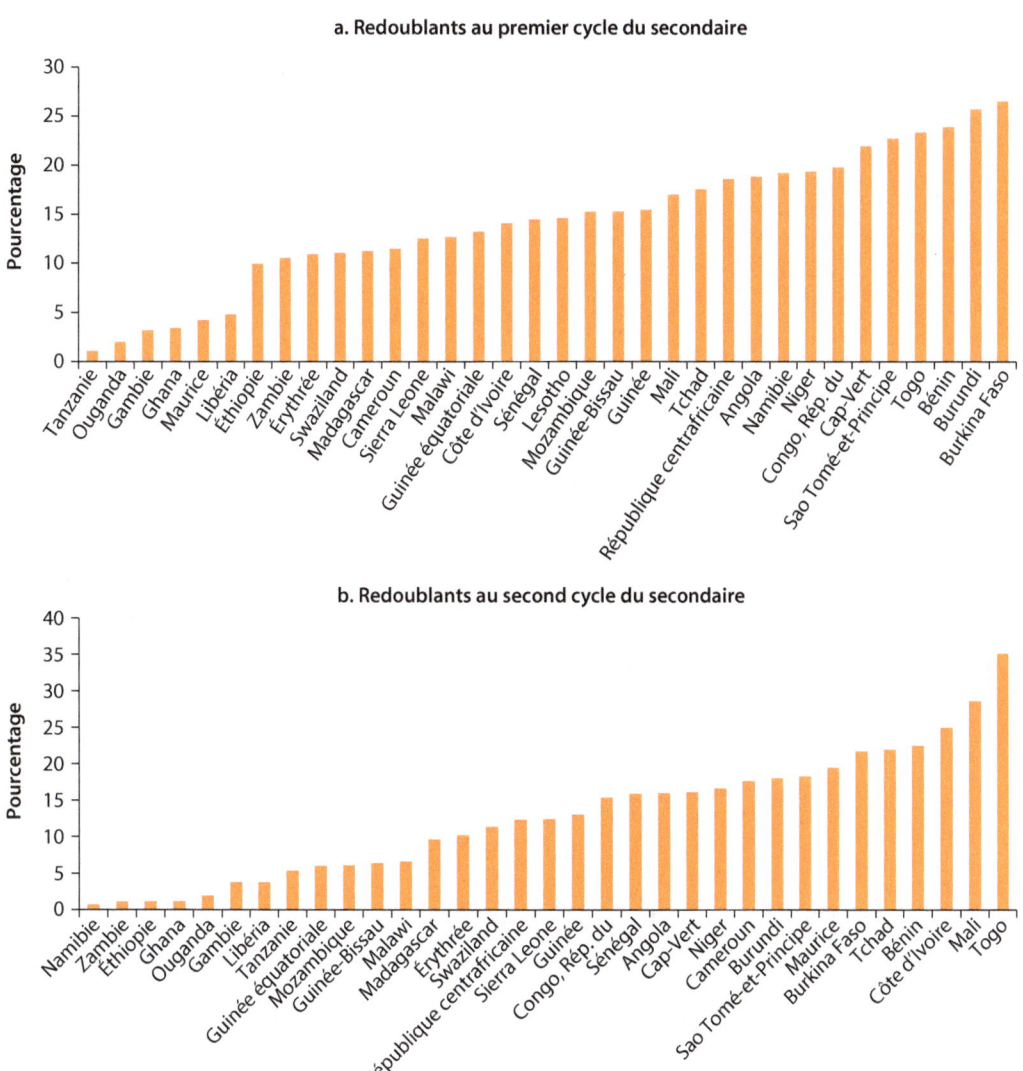

Source : Institut de statistique de l'UNESCO.
Note : Les données sont de 2011 pour tous les pays, sauf l'Angola et la République centrafricaine (2009) ; l'Éthiopie, la Guinée-Bissau, le Lesotho et la Namibie (2010) ; et la Tanzanie (2012).

Notes

1. L'inscription scolaire de ces jeunes n'intervient pas à l'âge voulu, particulièrement au primaire. L'analyse exclut les jeunes qui ont achevé leurs études secondaires — une petite minorité dans la plupart des pays — ainsi que ceux qui ont été inscrits à un autre niveau, par exemple les adolescents de 15 ans inscrits au primaire.

2. Les conflits armés et les situations d'urgence empêchent les enfants de poursuivre leur scolarité : ils sont souvent forcés d'émigrer, le chemin de l'école devient dangereux et ils sont parfois recrutés de force comme soldats (Hunt 2008). D'après les Nations Unies, 20 pays d'Afrique subsaharienne ont été secoués par des conflits armés entre 1999 et 2008, avec des conséquences catastrophiques sur l'éducation des enfants et des jeunes. Au Mozambique, la guerre civile qui a duré 15 ans a fait obstacle au développement de l'éducation au point qu'à la fin de la guerre, les jeunes étaient scolarisés en moyenne cinq ans de moins qu'ils ne l'auraient été si les tendances préalables avaient perduré. Le conflit relativement bref (quatre ans), mais profond et violent, qui a secoué le Rwanda a coûté au pays 1,2 année de scolarité (UNESCO 2011, 136). Selon les estimations, le conflit qui a débuté en Côte d'Ivoire en 2002 et s'est prolongé pendant trois ans, a réduit la durée moyenne d'éducation de 0,2 à 0,9 an (Dabalen et Saumik 2012). En outre, la nature même des conflits évolue, avec un accroissement des attaques dirigées contre des civils, enfants compris, et des infrastructures civiles, telles que les établissements scolaires (UNESCO 2011, 143).

3. On peut se demander si la rentabilité de l'éducation est demeurée constante ou si elle a chuté avec la stagnation économique en Afrique. En outre, les liens entre qualité et résultats, qui ne sont pas égaux pour tous les segments de la société, peuvent conduire à une surestimation du rendement véritable (Hanushek, Lavy et Hitomi 2006).

4. En Afrique subsaharienne, 40 % des ménages comptent sur les revenus de l'entreprise familiale (des entreprises non agricoles exploitées par une personne unique ou avec l'aide des membres de la famille) et, même si la croissance rapide de l'économie a favorisé une forte augmentation de l'emploi salarié dans le secteur privé non agricole, ce sont les entreprises familiales qui ont créé le plus de nouveaux emplois hors agriculture (Fox et Sohnesen 2012).

5. Voir Hunt (2008) qui propose une vue d'ensemble, ainsi que Brown et Park (2002) et Dachi et Garrett (2003). Voir Edmonds (2004) en ce qui concerne l'impact des aides sociales aux familles à faible revenu sur la décision de privilégier travail ou scolarité des enfants d'Afrique subsaharienne.

6. L'écart de fréquentation scolaire entre les jeunes des ménages les plus pauvres et les plus riches s'accroît avec l'âge. Dans la cohorte des 15-18 ans, si l'on ne tient pas compte du niveau d'instruction parentale, la probabilité d'être non scolarisé ou déscolarisé est près de deux fois supérieure chez les jeunes des foyers les plus pauvres que chez les autres. Chez les 19-24 ans, la moitié des jeunes des familles les plus riches n'est pas scolarisée, une proportion certes importante, mais bien moins élevée que pour les ménages les plus pauvres où 84 % des jeunes ne vont pas à l'école.

7. L'étude porte sur les pays suivants : Bénin, Burkina Faso, Cameroun, Côte d'Ivoire, Gabon, Madagascar, Malawi, Mali, Mauritanie, Niger, République du Congo, Rwanda, Sierra Leone, Tanzanie et Tchad.

8. Selon les estimations des auteurs, les dépenses d'éducation des ménages pourraient représenter jusqu'à 33 % des dépenses discrétionnaires en Ouganda et en Zambie, et 15,2 % et 10,6 % respectivement de l'ensemble des dépenses.

9. Ce calcul est fondé sur des données de 2002.

10. En s'appuyant sur des enquêtes démographiques et sanitaires et des enquêtes par grappes à indicateurs multiples concernant 35 pays (dont l'une portait sur des Palestiniens vivant en République arabe syrienne), Huebler (2011) a constaté que la probabilité de travailler est 19 % moindre chez les enfants des familles du quintile le plus riche, qui ont aussi 20 % de chances supplémentaires d'être scolarisés. Pour les 20 pays africains de l'échantillon, la probabilité d'aller à l'école est 22 % plus élevée chez les enfants de ce même quintile.

11. Les migrations dues à des motifs non économiques peuvent aussi avoir un effet préjudiciable sur la scolarité (Beegle et Poulin 2012) et s'il y a un risque de départ à un moment ou à un autre, les jeunes, notamment les garçons, ne sont pas incités à poursuivre leur scolarité.

12. Le décès de la mère semble avoir un impact bien supérieur sur la scolarité que celui du père, quel que soit le niveau de revenu des familles. Les effets d'un décès paternel semblent essentiellement factices et sont fortement corrélés à des variables socio-économiques non observées (Chen, Chen et Liu 2009).

13. Aux fins de cette analyse, « l'Afrique australe » comprend le Malawi, le Mozambique et la Zambie.

14. Les compétences psychosociales sont aussi puissamment corrélées à l'évolution future. À titre d'exemple, l'application et la minutie — qui incitent à se montrer organisé, responsable et travailleur — favorisent un bon niveau d'instruction, une bonne santé et des résultats d'emploi satisfaisants, avec parfois autant, voire plus de certitude que les aptitudes cognitives. Ce constat pourrait par exemple expliquer pourquoi les titulaires du diplôme d'équivalence des études secondaires aux États-Unis d'Amérique touchent des salaires plus bas, alors qu'ils disposent clairement du même jeu de compétences cognitives que les diplômés du secondaire (Cunha et al. 2006). Une autre étude a montré que le fatalisme conduit à des bas salaires et qu'une saine dose de combativité peut pousser à la hausse les revenus des hommes et des personnes occupant des emplois très valorisés (Bowles, Gintis et Osborne 2001).

15. Les preuves concernant les liens entre la qualité de l'enseignement, les compétences cognitives et les résultats économiques sont contradictoires. Voir par exemple Breton (2011) et Lee et Newhouse (2011) pour qui la réussite scolaire est un puissant indicateur de scolarité et de bons résultats d'emploi, tandis que les aptitudes cognitives et la qualité de l'enseignement risquent plus d'avoir une incidence sur la qualité du travail que sur l'emploi, l'inscription scolaire, le chômage ou la vie active. Hanushek (2003) avance que les mesures fondées sur les ressources ne se sont pas traduites par des améliorations perceptibles de la performance des étudiants.

Bibliographie

Appleton, Simon. 2001. "Education, Incomes and Poverty in Uganda in the 1990s." Working Paper 01/22, University of Nottingham, Centre for Research in Economic Development and International Trade, Nottingham, UK.

Audas, Richard, and J. Douglas Willms. 2001. "Engagement and Dropping Out of School: A Life-Course Perspective." Human Resources Department Canada Applied Research Branch Working Paper Series W-01-1-10E, HRDC Publications Centre, Québec.

Beegle, Kathleen, and Michelle Poulin. 2012. "Migration and the Transition to Adulthood in Contemporary Malawi." Policy Research Working Paper WPS6200, World Bank, Washington, DC.

Berliner, BethAnn, Vanessa X. Barrat, Anthony B. Fong, and Paul B. Shirk. 2008. *Reenrollment of High School Dropouts in a Large, Urban School.* Issues & Answers Report, REL 2008 No. 056. Washington, DC: U.S. Department of Education, Institute of Education Sciences, National Center for Education Evaluation and Regional Assistance, Regional Educational Laboratory West.

Bowles, Samuel, Herbert Gintis, and Melissa Osborne. 2001. "Incentive-Enhancing Preferences: Personality, Behavior and Earnings." *American Economic Review* 91 (2): 155–58.

Boyle, Siobhan, Andy Brock, and John Mace. 2002. *Reaching the Poor: The "Costs" of Sending Children to School.* Synthesis Report. London: Department for International Development.

Breton, Theodore R. 2011. "The Quality versus the Quantity of Schooling: What Drives Economic Growth?" *Economics of Education Review* 30 (4): 765–73.

Bridgeland, John M. Jr., John J. Dilulio, and Karen Burke Morison. 2006. *The Silent Epidemic: Perspectives of High School Dropouts.* A Report by Civic Enterprises in Association with Peter D. Hart Research Associates for the Bill & Melinda Gates Foundation. Civic Enterprises, Washington, DC.

Brown, Philip H., and Albert Park. 2002. "Education and Poverty in Rural China." *Economics of Education Review* 21 (6): 523–41.

Cardoso, Ana Rute, and Dorte Verner. 2007. "School Dropout and Push-Out Factors in Brazil: The Role of Early Parenthood, Child Labor, and Poverty." Policy Research Working Paper 4178, World Bank, Washington, DC.

Carneiro, Pedro, Karsten T. Hansen, and James J. Heckman. 2003. "Estimating Distributions of Treatment Effects with an Application to the Returns to Schooling and Measurement of the Effects of Uncertainty on College Choice." IZA Discussion Paper 767, Institute for the Study of Labor, Bonn, Germany.

Carneiro, Pedro, and James J. Heckman. 2003. "Human Capital Policy." In *Inequality in America: What Role for Human Capital Policies?* edited by James J. Heckman, Alan B. Krueger, and Benjamin Freidman. MIT Press: Cambridge, MA.

Case, Anne, and Cally Ardington. 2004. "The Impact of Parental Death on School Enrolment and Achievement: Longitudinal Evidence from South Africa." CSSR Working Paper 97, Centre for Social Science Research, University of Cape Town, South Africa.

Chen, Stacy Y., Yen-Chien Chen, and Jin-Tan Liu. 2009. "The Impact of Unexpected Maternal Death on Education—First Evidence from Three National Administrative Data Links." *American Economic Review* 99 (2): 149–53.

Chugh, Sunita. 2011. "Dropout in Secondary Education: A Study of Children Living in Slums of Delhi." NUEPA Occasional Paper 37, National University of Educational Planning and Administration, Delhi.

Cunha, Flavio, James J. Heckman, Lance J. Lochner, and Dimitriy V. Masterov. 2006. "Interpreting the Evidence on Life Cycle Skill Formation." In *Handbook of the Economics of Education*, edited by Eric A. Hanushek and Finis Welch. Elsevier B.V.

Dabalen, Andrew L., and Paul Saumik. 2012. "Estimating the Causal Effects of Conflict on Education in Côte d'Ivoire." Policy Research Working Paper 6077, World Bank, Washington, DC.

Dachi, Hillary A., and R. M. Garrett. 2003. "Child Labour and Its Impact on Children's Access to and Participation in Primary Education: A Case Study from Tanzania." U.K. Department for International Development Education Research Paper 48, Department for International Development, London.

Edmonds, Eric V. 2004. "Does Illiquidity Alter Child Labor and Schooling Decisions? Evidence from Household Responses to Anticipated Cash Transfers in South Africa." NBER Working Paper 10265, National Bureau of Economic Research, Cambridge, MA.

Ellenbogen, Stephen, and Claire Chamberland. 1997. "The Peer Relations of Dropouts: A Comparative Study of At-Risk and Not At-Risk Youths." *Journal of Adolescence* 20 (4): 355–67.

Ellickson, Phyllis, Khanh Bui, Robert Bell, and Kimberly A. McGuigan. 1998. "Does Early Drug Use Increase the Risk of Dropping Out of High School?" *Journal of Drug Issues* 28 (2): 357–80.

Fasih, Tazeen, Geeta Kingdon, Harry Anthony Patrinos, Chris Sakellariou, and Mans Soderbom. 2012. "Heterogeneous Returns to Education in the Labor Market." Research Working Paper 6170, World Bank, Washington, DC.

Feda, Kebede, and Chris Sakellariou. 2013. "Out of School, School-Work Outcomes and Education Transitions of Youth in Sub-Saharan Africa—A Diagnostic." Background paper prepared for the World Bank program on Secondary Education in Africa (SEIA), World Bank, Washington, DC.

Ferreira, Francisco H. G., and Norbert Schady. 2008. "Aggregate Economic Shocks, Child Schooling, and Child Health." World Bank Research Observer, World Bank, Washington, DC.

Foko, Borel, Beifith Kouak Tiyab, and Guillaume Husson. 2012. "Household Education Spending: An Analytical and Comparative Perspective for 15 African Countries." Working Paper Pôle D'analyse Sectorielle en Éducation of UNESCO-BREDA, Pôle de Dakar, Dakar, Senegal.

Fox, Louise, and Thomas Pave Sohnesen. 2012. "Household Enterprises in Sub-Saharan Africa: Why They Matter for Growth, Jobs, and Livelihoods." Policy Research Working Paper WPS6184, World Bank, Washington, DC.

Garcia, Marito, and Jean Fares. 2008. "The Effect of Education on Income and Employment." In *Youth in Africa's Labor Market*, edited by Marito Garcia and Jean Fares. Washington, DC: World Bank.

Gresham, James. 2013. "Out-of-School Youth in Africa—Diagnostic Note." Background paper prepared for the World Bank program on Secondary Education in Africa (SEIA), World Bank, Washington, DC.

Groh, Matthew, Nandini Krishnan, David McKenzie, and Tara Vishwanath. 2012. "Soft Skills or Hard Cash? The Impact of Training and Wage Subsidy Programs on Female Youth Employment in Jordan." Policy Research Working Paper 6141, World Bank, Washington, DC.

Gubert, Flore, and Anne-Sophie Robilliard. 2006. "Risk and Schooling Decisions in Rural Madagascar: A Panel Data Analysis." DIAL Working Paper DT/2006-08, Institut de Recherche pour le Développement (IRD), Paris.

Hallman, K., and M. Grant. 2004. *Poverty, Educational Attainment, and Livelihoods: How Well Do Young People Fare in KwaZulu Natal, South Africa?* Horizons Research, Population Council, Washington, DC.

Hanushek, Eric A. 2003. "The Failure of Input-Based Schooling Policies." *The Economic Journal* 113: F64–98.

Hanushek, Eric A., Victor Lavy, and Kohtaro Hitomi. 2006. "Do Students Care about School Quality? Determinants of Dropout Behavior in Developing Countries." NBER Working Paper 12737, National Bureau of Economic Research, Cambridge, MA.

Hardre, Patricia L., and Johnmarshal Reeve. 2003. "A Motivational Model of Rural Students' Intentions to Persist in, versus Drop Out of, High School." *Journal of Educational Psychology* 95 (2): 347–56.

Heckman, James J. 2000. "Policies to Foster Human Capital." *Research in Economics* 54 (1): 3–56.

Heckman, James J., and Tim D. Kautz. 2012. "Hard Evidence on Soft Skills." NBER Working Paper 18121, National Bureau of Economic Research, Cambridge, MA.

Heckman, James J., Jora Stixrud, and Sergio Urzua. 2006. "The Effects of Cognitive and Noncognitive Abilities on Labor Market Outcomes and Social Behavior." *Journal of Labor Economics* 24 (3): 411–82.

Himaz, Rozana. 2009. "The Impact of Parental Death on Child Outcomes: Evidence from Ethiopia." Young Lives Policy Brief 7, University of Oxford, with support from the Department for International Development and Irish Aid.

Huebler, Friedrich. 2011. "Child Labour and School Attendance: Evidence from MICS and DHS Surveys." Paper presented at the seminar on Child Labour, Education and Youth Employment, Understanding Children's Work Project, Universidad Carlos III de Madrid, September 11–12.

Hunt, Frances. 2008. *Dropping Out from School: A Cross Country Review of Literature.* Transitions and Equity Research Monograph 16, Consortium for Research on Educational Access Falmer, UK.

Huyghe, Laura, and Shushan Mebrahtu. 2012. "In Niger, Children Are Forced to Drop Out of School to Support Their Families." At a Glance: Niger, UNICEF.

Jensen, Robert. 2010. "The (Perceived) Returns to Education and the Demand for Schooling." *Quarterly Journal of Economics* 125 (2): 515–48.

Kingdon, Geeta, and Måns Söderbom. 2007. "Education, Skills, and Labor Market Outcomes: Evidence from Ghana." Centre for Education and International Development, University of Cambridge, Cambridge, UK.

Lee, Jean N., and David Newhouse. 2011. "Cognitive Skills and Youth Market Outcomes." Background paper for the *World Development Report 2013*, World Bank, Washington, DC.

Lehman, Douglas. 2003. "Bringing the School to the Children: Shortening the Path to EFA." Education Notes 26884, World Bank, Washington, DC.

Moyi, Peter. 2011. "Child Labor and School Attendance in Kenya." *Educational Research and Reviews* 6(1): 26–35.

Nekatibeb, Teshome. 2003. "Low Participation of Female Students in Primary Education: A Case Study of Dropouts from the Amhara and Oromia Regional States in Ethiopia." UNESCO International Institute for Capacity Building in Africa. unesdoc.unesco.org/images/0013/001322/13224leo.pdf.

Oreopoulos, Philip, Marianne E. Page, and Ann Huff Stevens. 2006. "The Intergenerational Effects of Compulsory Schooling." *Journal of Labor Economics* 24 (4): 729–60.

Ozier, Owen. 2010. "The Impact of Secondary Schooling in Kenya: A Regression Discontinuity Analysis." Manuscript, Department of Economics, University of California at Berkeley.

Pryor, John, and Joseph Ghartey Ampiah. 2003. *Understandings of Education in an African Village: The Impact of Information and Communication Technologies.* Report on U.K. Department for International Development Research Project Ed2000-88, Department for International Development, London.

Psacharopoulos, George, and Harry Anthony Patrinos. 2004. "Returns to Investment in Education: A Further Update." *Education Economics* 12 (2): 112–34.

Roebucka, M. Christopher, Michael T. French, and Michael L. Dennis. 2004. "Adolescent Marijuana Use and School Attendance." *Economics of Education Review* 23 (2): 133–41.

Rumberger, Russell W. 2001. "Who Drops Out of School and Why?" Paper prepared for the National Research Council, Committee on Educational Excellence and Testing Equity Workshop, School Completion in Standards-Based Reform: Facts and Strategies, National Research Council, Washington, DC, July 17–18.

Rumberger, Russell W., and Stephen P. Lamb. 2003. "The Early Employment and Further Education Experiences of High School Dropouts: A Comparative Study of the United States and Australia." *Economics of Education Review* 22 (4): 353–66.

Sackey, Harry A. 2008. "Private Returns to Education in Ghana: Implications for Investments in Schooling and Migration." AERC Research Paper 174, African Economic Research Consortium, Nairobi, Kenya.

Schultz, T. Paul. 2003. "Evidence of Returns to Schooling in Africa from Household Surveys: Monitoring and Restructuring the Market for Education." Yale University Economic Growth Center Discussion Paper 875, New Haven, CT.

Seymour, Claudia. 2011. *Gaps in Accessing Formal and Non-Formal Education Opportunities for Youth in DRC*. Final report, Save the Children.

Thomas, Wayne, Don J. Webber, and Fiona Walton. 2002. "School Leaving Intentions at the Age of Sixteen: Evidence from a Multicultural City Environment." *Economic Issues* 7 (1): 1–14.

UNESCO (United Nations Educational, Scientific, and Cultural Organization). 2011. *The Hidden Crises: Armed Conflict and Education*. Translated by EFA Global Monitoring Report. Paris: UNESCO.

Verspoor, Adriaan, and Jacob Bregman. 2008. *At the Crossroads: Challenges for Secondary Education in Africa*. Synthesis Report. Washington, DC: Africa Human Development Department, World Bank.

CHAPITRE 3

Caractéristiques communes des pays ayant une forte incidence de non scolarisation et déscolarisation

Introduction

Le Chapitre 3 offre une comparaison régionale de l'incidence de la jeunesse NSD, sur la base de diverses variables démographiques et économiques. Cette analyse intrarégionale exploite des données macroéconomiques et socioéconomiques, ainsi que des données de l'Institut de statistique de l'UNESCO sur l'éducation, pour comparer les résultats de différents groupes de pays aux caractéristiques communes avec la moyenne régionale. Pour chacune des variables examinées (par exemple les dépenses d'éducation en proportion du produit intérieur brut [PIB] ou encore les dépenses publiques allouées à l'enseignement secondaire), les pays sont regroupés en quartiles (inférieur, plus bas, plus élevé, supérieur), et les résultats de scolarisation pour chaque quartile sont comparés aux résultats régionaux. Par exemple, les pays de la région consacrent en moyenne 4,8 % de leur PIB à l'éducation, mais ce pourcentage est de 2,8 % dans le quartile inférieur, et de 7,3 % dans le plus élevé. Quand on regroupe les pays de cette manière, le groupe qui alloue la plus forte part de son PIB à l'éducation a la moindre incidence de jeunes NSD dans les trois cohortes d'âge : chez ceux qui dépensent le plus pour l'éducation, les proportions de jeunes NSD sont 15 % à 20 % inférieures à la moyenne régionale.

L'analyse révèle que les jeunes risquent moins de ne pas être scolarisés quand les pays consacrent une part importante de leur PIB à l'éducation et une proportion élevée des fonds publics à l'enseignement secondaire, et qu'ils investissent davantage dans les infrastructures scolaires. L'incidence de la jeunesse non scolarisée recule dans les pays où les taux bruts de scolarisation sont élevés, mais aussi dans ceux où ces taux s'accroissent le plus rapidement. Les jeunes sont également plus susceptibles d'aller à l'école si la population est stable et si le secteur formel absorbe une proportion notable de la main-d'œuvre.

Dépenses d'éducation en pourcentage du PIB

Dans les 25 pays pour lesquels des données sont disponibles[1], les pays consacrent en moyenne 4,8 % de leur PIB à l'éducation. Dans le quartile inférieur, ce taux tombe à environ 2,8 %. Dans ce groupe, la proportion de jeunes NSD est à peu près la même que la moyenne régionale dans toutes les cohortes d'âge. Toutefois, dans les pays qui allouent la plus forte proportion de leur PIB à l'éducation, la proportion de jeunes NSD est très inférieure à la moyenne régionale pour chaque cohorte. À titre d'exemple, seulement 8 % des jeunes de 12-14 ans de ce quartile ne vont pas à l'école, contre 23 % pour la région (tableau 3.1 et figure 3.1).

Tableau 3.1 Part des dépenses d'éducation rapportée au PIB (par quartile) et jeunesse NSD

Dépenses d'éducation en proportion du PIB (%)		Proportion de jeunes NSD (%)		
		12–14 ans	15–18 ans	19–24 ans
Inférieur	2,8	23	44	72
Plus bas	4,1	33	51	74
Moyenne	**4,8**	**23**	**42**	**71**
Plus élevé	5,3	25	45	76
Supérieur	7,3	8	27	60

Source : Institut de statistique de l'UNESCO et banque de données EdStats de la Banque mondiale.

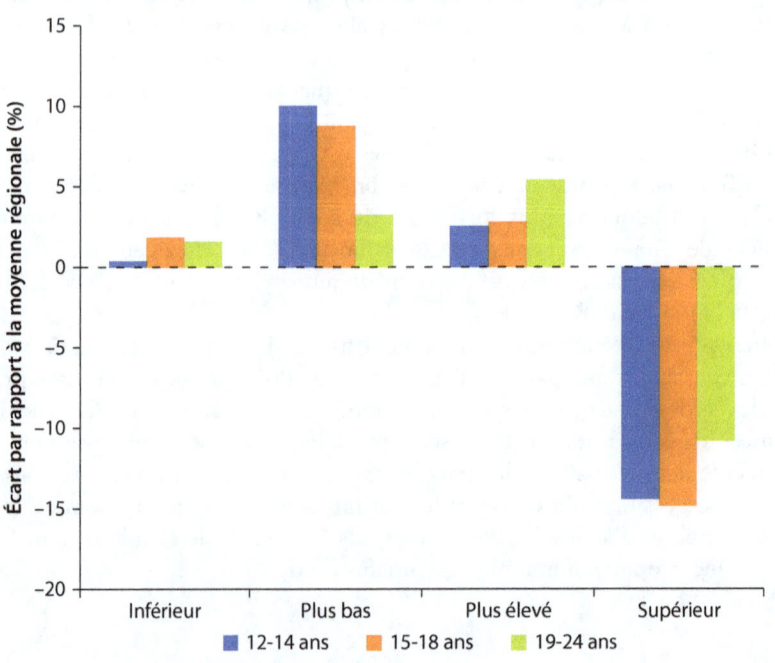

Figure 3.1 Jeunesse NSD, écart par rapport à la moyenne régionale, par proportion des dépenses d'éducation rapportée au PIB (en quartiles)

Source : Institut de statistique de l'UNESCO et banque de données EdStats de la Banque mondiale.

Part du volume total des dépenses publiques à l'éducation consacrée au cycle secondaire

L'incidence de la jeunesse NSD tombe à son niveau le plus bas dans les pays qui allouent à l'enseignement secondaire une part importante des dépenses publiques. Les pays[2] consacrent au secondaire environ 28 % du budget public à l'éducation, une proportion qui atteint 41 % dans le quartile supérieur (Cameroun, Ghana, Mali, République du Congo, République démocratique du Congo, Rwanda et Swaziland). Notons que le Mali, où l'incidence de jeunes NSD est l'une des plus fortes, constitue ici la valeur aberrante. Toujours dans ce groupe, la proportion de jeunes NSD est inférieure de cinq points de pourcentage à la moyenne régionale pour les 12-14 ans et les 19-24 ans, et de six points de pourcentage par rapport à cette moyenne pour la cohorte des 15-18 ans. A contrario, dans le quartile inférieur (Burkina Faso, Gambie, Éthiopie, Kenya, Madagascar, Niger et Tanzanie), la part des dépenses allouées à l'enseignement secondaire représente seulement 20 % de la dépense publique totale à l'éducation, d'où l'ampleur de la population NSD, qui est ici 4 % à 8 % supérieure à la moyenne régionale pour les trois cohortes (tableau 3.2 et figure 3.2).

Tableau 3.2 Part du volume total des dépenses publiques à l'éducation consacrée au cycle secondaire (par quartile) et jeunesse NSD

Dépenses consacrées à l'enseignement secondaire en proportion du total des dépenses publiques à l'éducation (%)		Pourcentage de jeunes NSD	
	12–14 ans	15–18 ans	19–24 ans
Inférieur 19,7	27	50	75
Plus bas 25,4	21	38	68
Moyenne 28,7	**23**	**42**	**71**
Plus élevé 29,5	24	43	74
Supérieur 41,0	18	36	66

Source : Institut de statistique de l'UNESCO et banque de données EdStats de la Banque mondiale.

Figure 3.2 Jeunesse NSD, écart par rapport à la moyenne régionale, par proportion des dépenses publiques totales à l'éducation consacrées à l'enseignement secondaire (en quartiles)

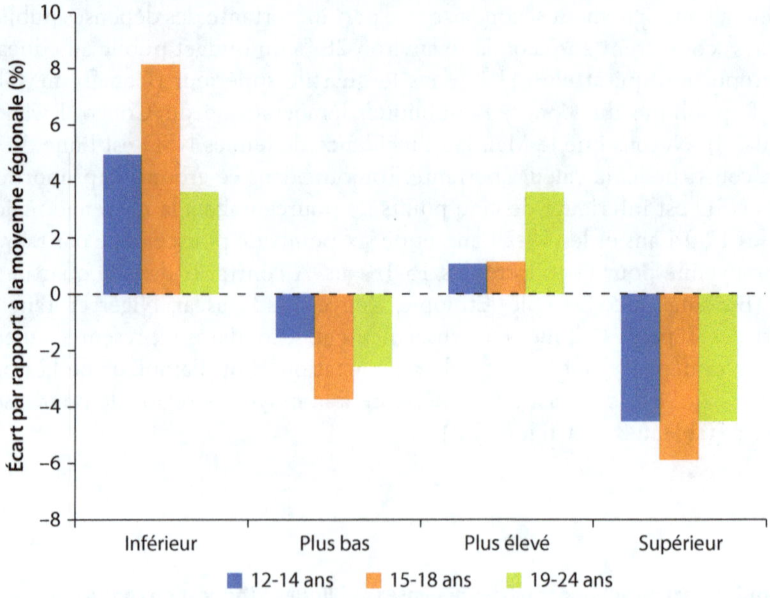

Source : Institut de statistique de l'UNESCO et banque de données EdStats de la Banque mondiale.

Scolarisation brute et croissance du taux brut de scolarisation

S'il n'y a rien d'étonnant à ce que l'incidence de jeunes NSD soit au plus bas dans les pays ayant les taux bruts de scolarisation les plus élevés, la relation entre la proportion de jeunes NSD et la croissance des taux bruts est surprenante. Premièrement, dans les 26 pays pour lesquels on dispose de données sur ces deux variables, la moyenne des taux bruts de scolarisation se situe à 39,1 % et, dans les pays où ils atteignent leur maximum (Gambie, Ghana, Kenya, Namibie, Sao Tomé-et-Principe et Swaziland), la proportion de jeunes NSD est jusqu'à 10 points de pourcentage inférieure à la moyenne régionale pour chaque cohorte (tableau 3.3 et figure 3.3). S'agissant des 24 pays pour lesquels on dispose de taux bruts de scolarisation pour la période 2000-2011 environ, ceux qui ont les taux les plus bas ont la plus forte incidence de jeunes NSD de la région, toutes cohortes confondues, ce qui révèle une expansion inexistante de l'enseignement secondaire pendant les quelque dix dernières années. En revanche, dans le deuxième quartile inférieur du taux brut de croissance de la scolarisation, l'incidence de jeunes NSD est à son plus faible niveau pour la région tout entière dans les cohortes des 15-18 ans et des 19-24 ans, indiquant que les pays ne s'efforcent plus guère de développer l'enseignement secondaire quand ils ont atteint un certain seuil de scolarisation, même s'ils sont loin de l'idéal (tableau 3.4 et figure 3.4).

Caractéristiques communes des pays ayant une forte incidence de non scolarisation et de déscolarisation 65

Tableau 3.3 Taux brut de scolarisation (par quartile) et jeunesse NSD

Taux brut de scolarisation (%)		Pourcentage de jeunes NSD		
		12–14 ans	15–18 ans	19–24 ans
Inférieur	23,9	26	47	74
Plus bas	34,9	23	45	76
Moyenne	**39,1**	**21**	**41**	**70**
Plus élevé	41,3	25	40	67
Supérieur	59,0	11	31	62

Source : Institut de statistique de l'UNESCO et banque de données EdStats de la Banque mondiale.

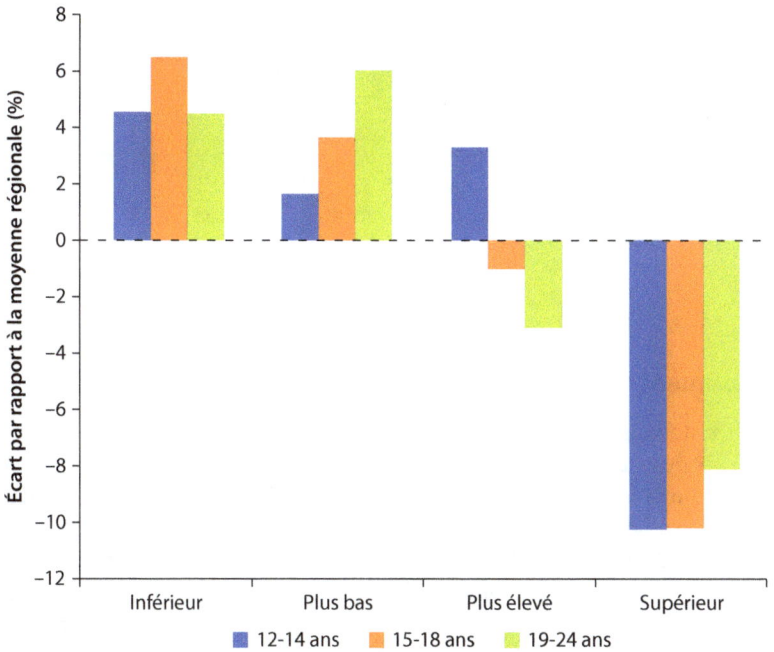

Figure 3.3 Jeunesse NSD, écart par rapport à la moyenne régionale, par taux brut de scolarisation (en quartiles)

Source : Institut de statistique de l'UNESCO et banque de données EdStats de la Banque mondiale.

Tableau 3.4 Croissance du taux brut de scolarisation (par quartile) et jeunesse NSD

Croissance du taux brut de scolarisation (%)		Pourcentage de jeunes NSD		
		12–14 ans	15–18 ans	19–24 ans
Inférieur	0,8	27	47	73
Plus bas	1,9	19	36	65
Moyenne	**2,1**	**21**	**41**	**70**
Plus élevé	2,2	17	40	71
Supérieur	3,4	21	40	70

Source : Institut de statistique de l'UNESCO et banque de données EdStats de la Banque mondiale.

Les jeunes non scolarisés et déscolarisés d'Afrique subsaharienne • http://dx.doi.org/10.1596/978-1-4648-0688-9

Figure 3.4 Jeunesse NSD, écart par rapport à la moyenne régionale, par croissance du taux brut de scolarisation (en quartiles)

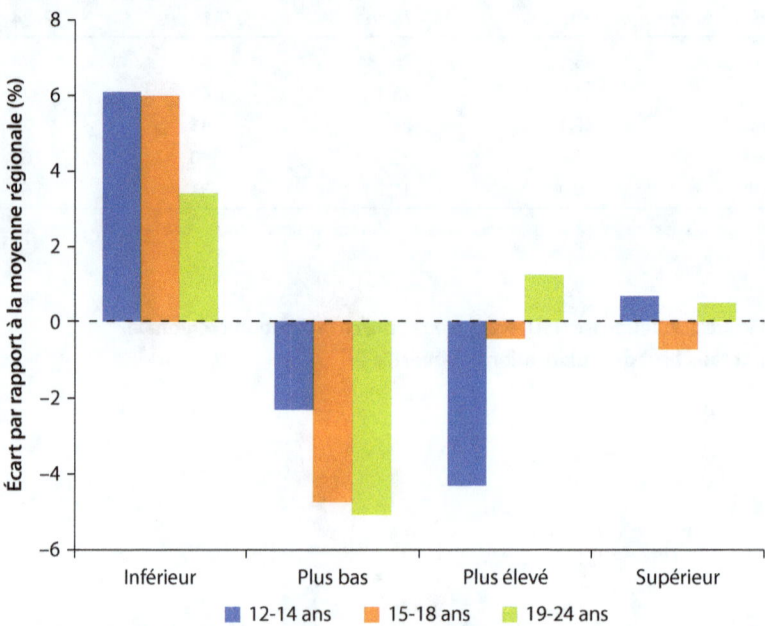

Source : Institut de statistique de l'UNESCO et banque de données EdStats de la Banque mondiale.

Investissement dans les infrastructures scolaires

L'incidence de jeunes NSD, toutes cohortes d'âge confondus, paraît moindre dans les pays qui investissent assez dans les infrastructures scolaires. Des données sur les écoles équipées de sanitaires, disponibles pour 20 pays[3], mettent en évidence une claire corrélation négative entre la population de jeunes NSD et l'équipement des écoles, une assez bonne indication indirecte des dépenses de capital. Dans le quartile inférieur, seulement 35 % des écoles disposent de toilette et, dans ce groupe, la proportion de jeunes NSD est plus élevée que la moyenne régionale, surtout dans la cohorte des plus jeunes (12-14 ans). À l'inverse, dans le quartile supérieur caractérisé par la présence systématique de sanitaires, l'incidence de jeunes NSD est inférieure de 14 points de pourcentage à la moyenne régionale pour la cohorte des plus jeunes, de 11 points de pourcentage pour les 15-18 ans, et de 2 % moindre pour les 19-24 ans, des chiffres qui montrent que les parents d'enfants jeunes sont les plus préoccupés par le manque d'installations adéquates (tableau 3.5 et figure 3.5).

Tableau 3.5 Proportion d'écoles équipées de toilettes (par quartile) et jeunesse NSD

Proportion d'écoles équipées de toilettes (%)		Pourcentage de jeunes NSD		
		12–14 ans	15–18 ans	19–24 ans
Inférieur	35	29	45	72
Plus bas	57	27	47	73
Moyenne	**64**	**23**	**43**	**71**
Plus élevé	72	24	40	68
Supérieur	94	9	32	69

Source : Institut de statistique de l'UNESCO et banque de données EdStats de la Banque mondiale.

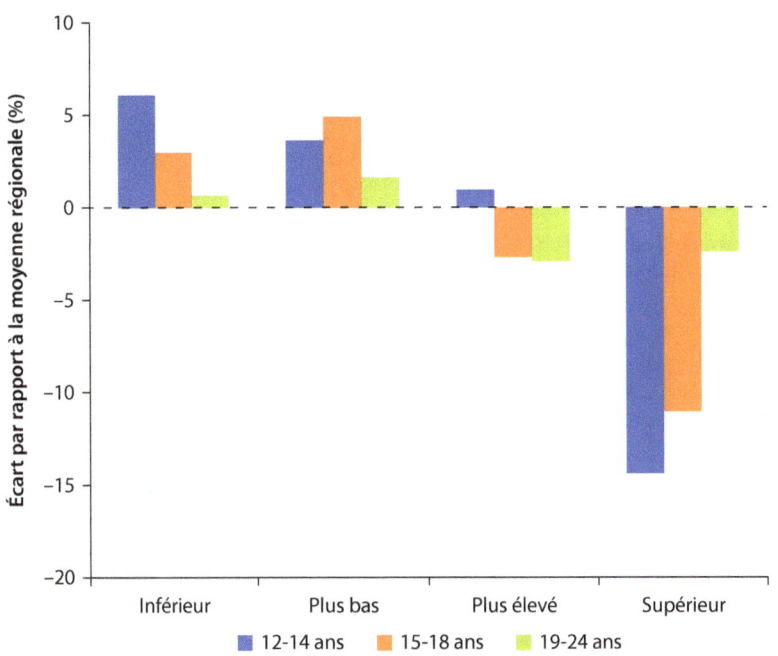

Figure 3.5 Jeunesse NSD, écart par rapport à la moyenne régionale, par proportion d'écoles équipées de toilettes (en quartiles)

Source : Institut de statistique de l'UNESCO et banque de données EdStats de la Banque mondiale.

Croissance démographique

La croissance démographique, notamment celles des jeunes, est un obstacle majeur à l'action menée contre la non scolarisation et la déscolarisation, comme en attestent les données sur les pays de la région. Sur les 31 pays pour lesquels on dispose de données sur les jeunes NSD, le taux de croissance démographique moyen s'établit à 2,53 %, en dépit de fortes variations d'un pays à l'autre (1,03 % au Lesotho et 4,16 % en Zambie). Dans ceux qui présentent la croissance la plus faible, la proportion de jeunes NSD est inférieure à la moyenne régionale de sept points de pourcentage pour les 12-14 ans, et de 4 % pour les 15-18 ans. En revanche, les pays ayant la croissance démographique la plus élevée ont aussi les plus grandes proportions de jeunes NSD : dans ce groupe, la corrélation la plus forte concerne la cohorte des plus petits, avec une incidence de jeunes NSD supérieure de six points de pourcentage à la moyenne régionale (tableau 3.6 et figure 3.6).

Tableau 3.6 Croissance démographique (par quartile) et jeunesse NSD

		Pourcentage de jeunes NSD		
Croissance démographique (%)		*12–14 ans*	*15–18 ans*	*19–24 ans*
Inférieur	1,71	14	36	69
Plus bas	2,37	21	38	66
Moyenne	**2,53**	**21**	**40**	**69**
Plus élevé	2,76	23	42	71
Supérieur	3,30	27	44	71

Source : Institut de statistique de l'UNESCO et banque de données EdStats de la Banque mondiale.

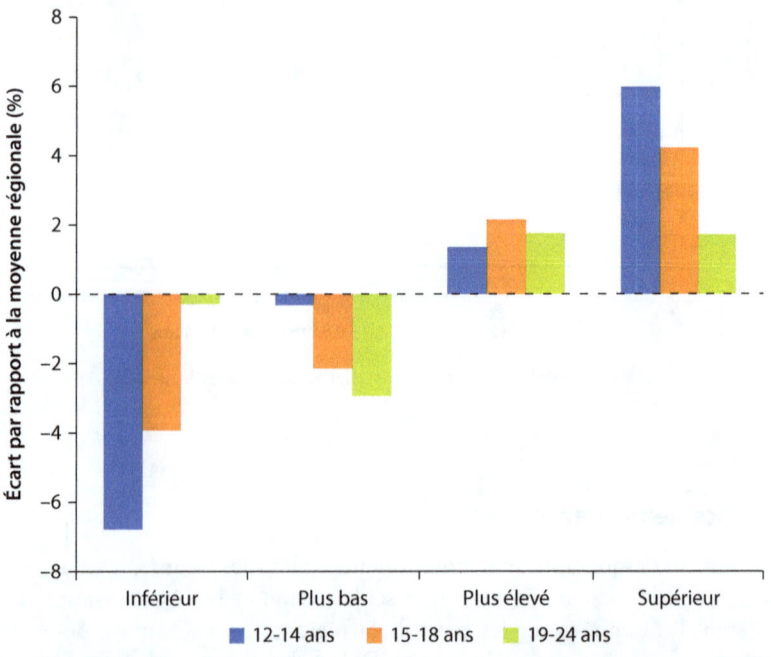

Figure 3.6 Jeunesse NSD, écart par rapport à la moyenne régionale, par taux de croissance démographique (en quartiles)

Source : Institut de statistique de l'UNESCO et banque de données EdStats de la Banque mondiale.

Part des travailleurs rémunérés et salariés et précarité de l'emploi

La jeunesse NSD est moins prévalente s'il existe un robuste marché de l'emploi formel, ce qui n'est généralement pas le cas en Afrique subsaharienne. Néanmoins, même de faibles augmentations du pourcentage de travailleurs rémunérés et salariés permettent de prédire une moindre proportion de jeunes NSD. On dispose de données pour 11 pays où la part des travailleurs rémunérés et salariés se situe à 14 % (tableau 3.7). Dans ceux ayant la plus faible part d'emploi formel (Burkina Faso, Éthiopie et Niger), la proportion de jeunes NSD est supérieure à la moyenne régionale de 16 points de pourcentage pour les 12-14 ans, de 19 points de pourcentage pour les 15-18 ans et de 13 points de pourcentage pour les 19-24 ans. À l'inverse, dans les pays où l'emploi formel est le plus développé (Ouganda, Ghana et République du Congo), la proportion de jeunes NSD est inférieure à la moyenne régionale pour toutes les cohortes, de 16, 15 et 11 points de pourcentage respectivement, ce qui laisse à penser que les plus jeunes sont ceux qui bénéficient le plus de l'emploi formel des parents (figure 3.7).

De même, l'incidence de la jeunesse NSD augmente lorsqu'un fort pourcentage d'actifs travaille dans des emplois jugés précaires (travailleurs indépendants ou employés dans l'entreprise familiale). Sur les 11 pays de la région pour lesquels on dispose de données sur l'emploi précaire et la jeunesse NSD, 83 % des travailleurs sont concernés par la précarité de l'emploi. Dans le groupe de pays ayant la plus faible incidence d'emploi précaire, la proportion des jeunes NSD de 19-24 ans est aussi la moindre : 9 % de moins que la moyenne régionale pour les 12-14 ans, 14 points de pourcentage de moins que la moyenne pour les 15-18 ans et 12 points de pourcentage de moins pour les 19-24 ans. Ces constats s'inversent pour les deux quartiles supérieurs de l'emploi précaire (tableau 3.8 et figure 3.8). Ces données permettent d'avancer que la situation des plus âgés s'améliore d'autant lorsque l'économie est moins tributaire de la production des ménages.

Tableau 3.7 Proportion de travailleurs rémunérés et salariés (par quartile) et jeunesse NSD

Proportion de travailleurs rémunérés et salariés (%)		*Pourcentage de jeunes NSD*		
		12–14 ans	15–18 ans	19–24 ans
Inférieur	7	41	62	82
Plus bas	12	30	55	80
Moyenne	**14**	**25**	**43**	**69**
Plus élevé	17	19	28	57
Supérieur	20	9	28	58

Source : Institut de statistique de l'UNESCO et banque de données EdStats de la Banque mondiale.

Figure 3.7 Jeunesse NSD, écart par rapport à la moyenne régionale, par proportion de travailleurs rémunérés et salariés (en quartiles)

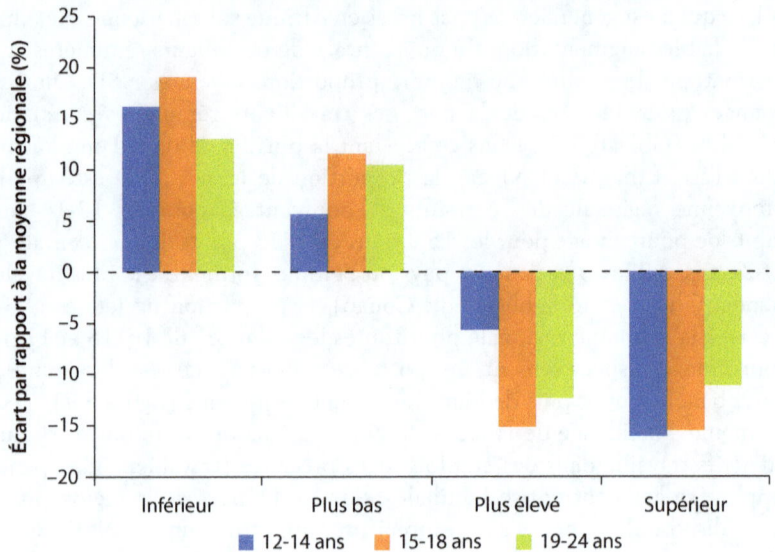

Source : Institut de statistique de l'UNESCO et banque de données EdStats de la Banque mondiale.

Tableau 3.8 Emploi précaire (en quartiles) et jeunesse NSD

Emploi précaire (%)		Pourcentage de jeunes NSD (%)		
		12–14 ans	15–18 ans	19–24 ans
Inférieur	78	16	30	57
Plus bas	81	11	25	59
Moyenne	**83**	**25**	**43**	**69**
Plus élevé	86	43	68	86
Supérieur	89	28	49	76

Source : Institut de statistique de l'UNESCO et banque de données EdStats de la Banque mondiale.

Figure 3.8 Jeunesse NSD, écart par rapport à la moyenne régionale, par proportion d'emploi précaire (en quartiles)

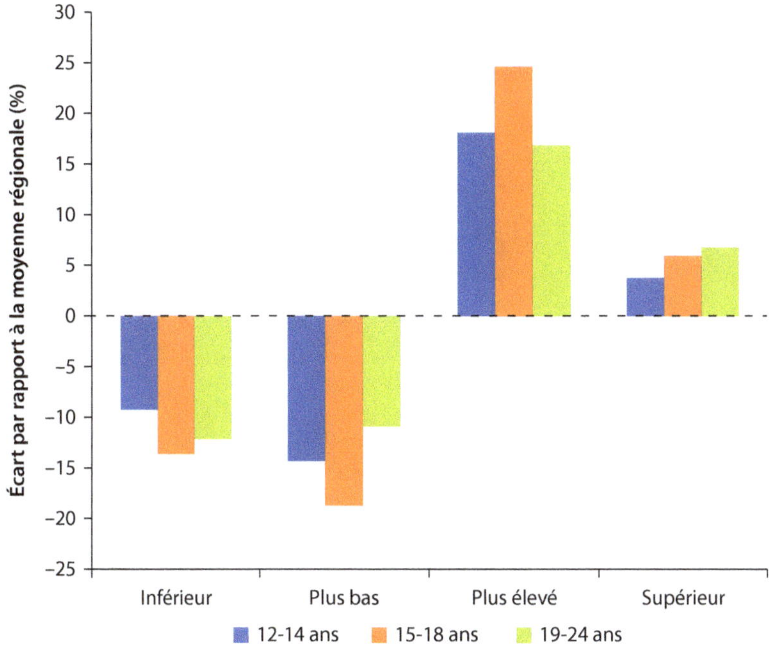

Source : Institut de statistique de l'UNESCO et banque de données EdStats de la Banque mondiale.

Notes

1. Il s'agit des pays suivants, par ordre croissant de la part du PIB consacrée à l'éducation : Zimbabwe, République démocratique du Congo, Madagascar, Tchad, Guinée, Ouganda, Cameroun, Sierra Leone, Gambie, Burkina Faso, Niger, Côte d'Ivoire, Éthiopie, Rwanda, Mali, Bénin, Malawi, Sénégal, Burundi, Tanzanie, République du Congo, Kenya, Ghana, Swaziland et Namibie.
2. Des données sont disponibles pour les mêmes 25 pays.
3. Pour l'enseignement primaire, ces données ne sont disponibles que pour les pays suivants, par ordre croissant de la proportion d'écoles équipées de toilettes : Niger, Tchad, Éthiopie, Côte d'Ivoire, Cameroun, République du Congo, Mali, Ghana, Madagascar, Bénin, Burkina Faso, Guinée, Namibie, République démocratique du Congo, Swaziland, Malawi, Burundi, Rwanda, Tanzanie et Ouganda.

CHAPITRE 4

Les voies de retour à l'éducation, formelle ou informelle, ou d'entrée dans la vie active

Introduction

La transition de l'école au travail est difficile pour les jeunes d'Afrique subsaharienne, et les programmes visant la jeunesse NSD doivent surmonter de multiples obstacles. Les mauvais résultats sur le plan de l'emploi ne sont pas seulement la manifestation de la médiocrité des résultats scolaires, car la demande de main-d'œuvre a bel et bien reculé, une situation qui affecte les jeunes de manière disproportionnée. L'ampleur de la population de jeunes, encore aggravée par les migrations intérieures, augmente l'offre de travail dans les grands centres urbains, et réduit d'autant les chances qu'ont les jeunes de trouver un emploi rémunéré sur le marché formel. Dans la plupart des pays, les emplois formels, rémunérés et salariés, sont rares, surtout pour les jeunes : en Ouganda, au Burkina Faso et au Burundi, moins d'un jeune sur 20 occupe un poste salarié, un ratio qui est de un sur 10 au Cameroun, à Madagascar et en Zambie, et inférieur à un sur cinq en Gambie, au Kenya, au Malawi et au Mozambique. Leurs chances de trouver à s'employer sont encore diminuées par les problèmes de santé et les pandémies (notamment le VIH/sida), les conflits et les guerres (Garcia et Fares 2008). La difficulté de trouver un emploi est également mise en lumière par le nombre d'années qui sépare la fin de la scolarité et l'emploi. Selon certaines estimations, il faut en moyenne cinq ans en Afrique subsaharienne pour trouver un emploi après avoir quitté l'école (Guarcello et al. 2008). En fait, même les jeunes qui achèvent leurs études formelles sont confrontés au chômage. Les programmes destinés à améliorer les perspectives d'éducation et d'emploi des jeunes NSD doivent s'attaquer à une multitude de problèmes. Pour progresser dans ce domaine, il faut des programmes généralistes destinés à développer les possibilités d'emploi de tous, et non pour une certaine catégorie de jeunes, ce qui ne peut se faire qu'au moyen de politiques économiques mieux conçues qui visent à promouvoir la croissance. Pour autant, les programmes d'amélioration des compétences, du capital humain et des conditions de vie restent une nécessité impérieuse.

Les pays de la région ont tenté d'intervenir du côté de l'offre comme de la demande, mais la plupart des programmes sont handicapés par le manque de ressources ou ne donnent pas de résultats durables. L'examen de ces programmes n'en demeure pas moins utile, car il permet de discerner les différents points d'entrée pour la prise en charge des jeunes à risque et des NSD, à partir desquels des interventions à court et à long terme peuvent être conçues pour diverses situations[1]. Les programmes en place dans la région peuvent être grossièrement regroupés en fonction des modalités d'intervention retenues (Lerman 2005). Trois grands points d'entrée peuvent être définis : a) maintenir les jeunes à risque à l'école ; b) mettre en place des programmes de remédiation pour ramener les jeunes NSD vers l'enseignement formel ou extrascolaire ; et, c) favoriser l'insertion des jeunes sur le marché du travail par le développement de la main-d'œuvre (figure 4.1).

Pour ce qui est des jeunes qui fréquentent l'école, il faut de toute urgence introduire des mesures destinées à prévenir leur abandon. Identifier et aider les jeunes à risque est une pratique commune en Afrique subsaharienne comme dans le monde entier, même s'il est notoirement difficile de résoudre leurs difficultés, surtout en raison des facteurs liés à l'offre et à la demande qui les conduisent à déclarer forfait. Les risques d'abandon peuvent tenir à des causes scolaires, aux préférences des jeunes ou de leur famille ou à une insuffisance de revenus. Les facteurs qui poussent les étudiants à abandonner au secondaire gagnent en intensité depuis le primaire : les lacunes se sont aggravées, les difficultés financières se sont amplifiées (le travail des adolescents est mieux payé), et les exigences familiales (telles que le travail et le mariage) deviennent plus pesantes. En outre, les interventions visant à contrer ces facteurs sous-jacents risquent d'en exacerber d'autres. Par exemple, l'éducation

Figure 4.1 Mesures d'aide en faveur des jeunes NSD

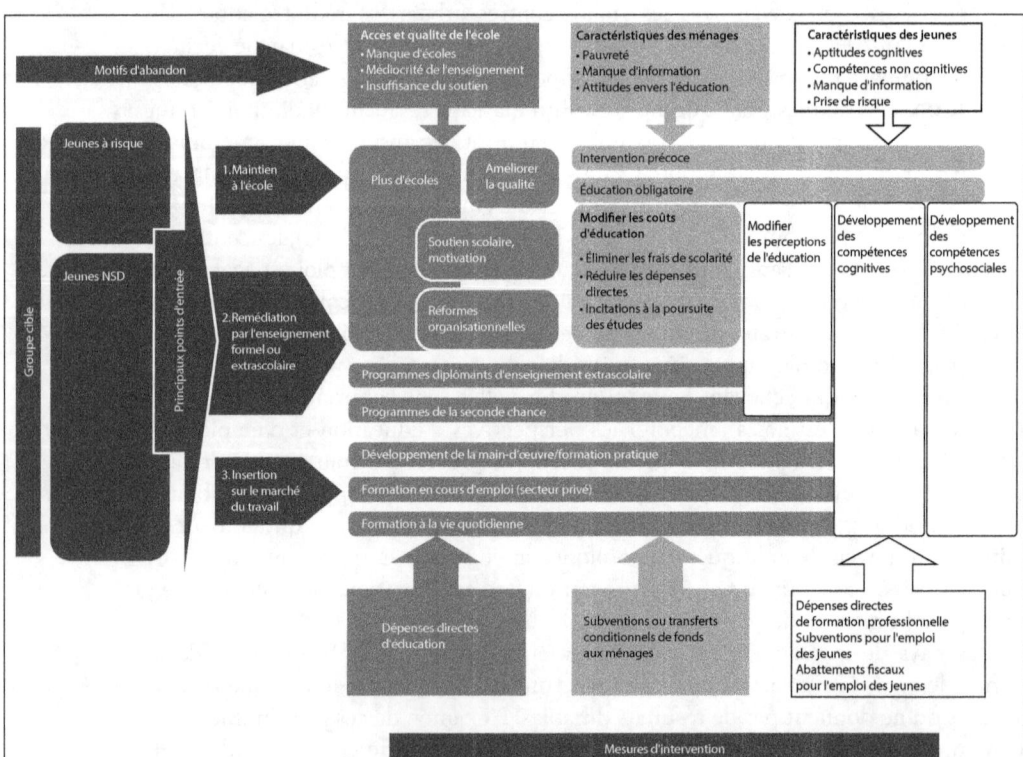

secondaire obligatoire a d'abord fait grimper les taux de scolarisation, mais a parallèlement tiré la qualité à la baisse, créé des pénuries et détérioré les normes d'enseignement, ce qui a eu un effet d'exclusion. Les bourses et les programmes d'aide financière, qui contribuent effectivement à lever les obstacles financiers, n'ont été utiles que pour une poignée d'étudiants issus de foyers où l'éducation est très valorisée. Pour le reste, les grands programmes de transferts de fonds ont parfois légèrement amélioré les taux de scolarisation, mais ont rarement pu couvrir l'intégralité des populations ciblées, étant donné la compétition avec d'autres programmes publics pour l'accès aux ressources.

Pour les jeunes déjà déscolarisés, l'enseignement extrascolaire et les programmes d'équivalence sont probablement le meilleur moyen de les inciter à reprendre et achever leurs études. Les dispositifs les plus efficaces sont ceux qui proposent de multiples points d'entrée et de sortie, en étroite collaboration avec le secteur de l'éducation formelle. Toutefois, les moyens d'enseignement formel étant très insuffisants en Afrique subsaharienne, il est particulièrement difficile de concevoir des programmes d'enseignement extrascolaire efficaces dans cette région. Les deux principaux obstacles à la mise en place de programmes nationaux d'enseignement extrascolaire sont la coordination entre l'administration centrale et les entités infranationales (autorités régionales, communautés, collectivités locales et autres intervenants) et la disponibilité des financements. De très nombreux systèmes d'enseignement extrascolaire ont été mis en œuvre au profit des jeunes NSD dans le cadre d'actions de proximité ; ils sont très utiles quand ils offrent simultanément un développement des aptitudes cognitives et scolaires, une formation aux compétences nécessaires à la vie quotidienne et un encadrement. Les jeunes aux prises avec des problèmes de survie n'ont guère la possibilité de tirer parti de ces programmes, surtout s'ils sont marginalisés. Enfin, il n'y a guère d'informations sur le rôle des programmes dits de la seconde chance en tant que passerelle avec l'enseignement formel.

Dans le cas des jeunes peu susceptibles de retourner à l'école, la solution serait de proposer des formations et une expérience pratique pour développer leur capacité d'insertion professionnelle. L'économie d'Afrique subsaharienne restant majoritairement informelle, l'apprentissage dans le secteur informel est le moyen de choix pour doter les jeunes NSD de compétences et les aider à trouver un emploi. Les expériences conduites dans la région, au Ghana par exemple, ont cependant montré qu'il est extrêmement difficile de formaliser ce type de mécanisme. On ne compte plus les programmes de formation et de développement de la main-d'œuvre, à petite ou grande échelle, nationaux et régionaux, qui ont plus ou moins bien réussi à favoriser durablement l'insertion professionnelle des jeunes. Dix-sept pays africains ont financé la mise en place de dispositifs nationaux de formation, mais le gros des fonds a servi à former des personnes qui ne trouvaient pas à s'employer à la fin de leurs études formelles. Les systèmes nationaux de formation des jeunes sans emploi et sans qualification n'ont guère de résultats. Les aides à l'emploi et les grands projets de travaux publics offrent de nombreuses possibilités de recrutement, mais rarement un emploi durable, peut-être parce que ces jeunes ont mauvaise réputation. L'examen des programmes passés révèle des résultats plus que médiocres. Les programmes de travaux publics n'ont pas durablement amélioré l'emploi et se sont montrés bien trop coûteux par rapport aux retombées. En revanche, les programmes lancés plus récemment subventionnent l'emploi en parallèle du développement des compétences (comme les programmes *Jovenes* en Amérique latine) et ont obtenu de meilleurs résultats

(Betcherman, Olivas et Dar 2004). Il trouve aujourd'hui en Afrique subsaharienne quelques rares dispositifs calqués sur les programmes *Jovenes*, qui sont à la fois ciblés, décentralisés et coordonnés à l'échelle de la puissance publique tout entière, des entités civiles et du secteur privé. En parallèle des dispositifs d'éducation extrascolaire, les ONG et les associations à but non lucratif conduisent une multitude de programmes de développement associant diversement la formation, l'expérience en milieu de travail, des services de conseil pratique et un encadrement. S'ils ont parfois favorisé l'insertion des jeunes dans la vie active, leur efficacité est limitée par leur petite taille et le manque de financement, notamment lorsqu'ils sont tributaires de l'appui de bailleurs de fonds internationaux. Les formations à la création d'entreprises et les programmes de microfinancement donnent aussi de bons résultats.

Même si les causes sous-jacentes de l'abandon scolaire peuvent être examinées indépendamment les unes des autres, ces indicateurs sont fortement corrélés, et la plupart des programmes doivent intervenir sur plusieurs fronts (par exemple le développement des compétences, le manque de financement, les problèmes de santé et les comportements à risque). De ce fait, les interventions ne diffèrent pas tant du point de vue des problèmes ciblés, mais plutôt dans la façon de s'y attaquer. Par exemple, les programmes destinés à améliorer les aptitudes non cognitives peuvent être dispensés en milieu scolaire aux jeunes qui risquent de démissionner, en parallèle d'un encadrement et d'une formation centrés sur l'enseignement d'aptitudes pratiques, l'étude, l'écoute ou encore l'optimisme et la confiance en soi (ce que font des programmes internationaux, tels qu'*Aflatoun* et *Afloteen* ou encore les programmes *Big Brother/Big Sister* aux États-Unis d'Amérique), en les associant à un soutien scolaire. Quand ils sont proposés comme des préparations à la vie active, ils peuvent aussi mettre l'accent sur les traits de personnalité recherchés par les employeurs. Les programmes de même style, qui visent à réduire les coûts de scolarisation directs ou indirects, et donc à pallier l'insuffisance de revenus, englobent les mesures généralistes de versement de subventions aux écoles ou encore aux entreprises qui recrutent des jeunes NSD, ainsi que les transferts de fonds, ciblés ou conditionnels. Les programmes d'emploi prennent des formes très diverses, depuis les énormes chantiers de travaux publics à l'apprentissage, en passant par les formations en cours d'emploi, et sont parfois associés à l'enseignement d'aptitudes pratiques pour la vie quotidienne.

Point d'entrée 1 : Maintenir les jeunes à risque à l'école

Rares sont les données sur la fréquence du retour à l'école des jeunes d'Afrique subsaharienne et leur évolution ultérieure. Des études réalisées dans des pays développés ont montré que les jeunes ont tendance à reprendre leurs études quand ils ont du mal à trouver un emploi et qu'ils sont convaincus qu'ils n'y parviendront pas sans acquérir des titres ou des compétences supplémentaires. Toutefois, ces études montrent aussi qu'il est très difficile de maintenir ces jeunes à l'école après qu'ils l'ont réintégrée, et il y a donc matière à penser que la cause sous-jacente de leur abandon ne peut se réduire à une simple mésestimation de leur capacité de gain future. À titre d'exemple, une étude américaine a montré que les étudiants étaient plus susceptibles de reprendre leurs études quand leurs enseignants les motivaient en ce sens, leur offraient une possibilité de réinscription immédiate, un soutien et un encadrement. Malgré tout, la majorité d'entre eux démissionnait de nouveau durant la première année de lycée, tandis que d'autres tentaient leur chance à de multiples reprises, et reprenaient leurs études, généralement dans leur ancienne école, mais pour un an seulement. En outre, un tiers d'entre eux se révélait incapable de réussir ne serait-ce qu'une matière, et seulement un sur cinq obtenait un diplôme (Berliner et al. 2008). Une autre étude concernant des jeunes de 12 ans et plus qui avaient repris leur scolarité a montré que ceux issus d'un milieu socioéconomique plus élevé et dotés de meilleures aptitudes cognitives (d'après les notes obtenues aux contrôles de connaissances) étaient plus susceptibles d'obtenir un titre d'un genre ou d'un autre, comme le diplôme d'équivalence des études secondaires. Un abandon tardif augmentait les chances d'obtenir un diplôme, tandis que l'appartenance ethnique et le sexe semblaient ne jouer aucun rôle quand les autres facteurs étaient pris en compte (Wayman 2001).

L'une des solutions immédiates au maintien des jeunes à l'école est de rendre l'éducation obligatoire. C'est aujourd'hui le cas dans de nombreux pays de la région où l'enseignement est obligatoire jusqu'à la fin du premier cycle du secondaire (tableau 4.1). Même si l'enseignement obligatoire (qui fixe le nombre d'années de scolarisation des jeunes) n'a pas nécessairement pour effet immédiat d'augmenter les taux de scolarisation, il témoigne de l'engagement d'un pays à garantir l'accès à l'éducation (Oreopoulos, Page et Stevens 2006). Cette mesure permet aussi de contrecarrer certaines attitudes et idées négatives à l'égard de l'éducation et des

Tableau 4.1 Pays regroupés en fonction de l'obligation d'éducation, par niveau

Primaire	*Premier cycle du secondaire*	*Second cycle du secondaire*
Angola	Afrique du Sud	Maurice
Bénin	Botswana	São Tomé-et-Príncipe
Burundi	Burkina Faso	Seychelles
Cameroun	Comores	
Cap-Vert	Congo, RDC	
Gambie	Congo, Rép. du	
Guinée-Bissau	Côte d'Ivoire	
Guinée équatoriale	Érythrée	
Mozambique	Gabon	
Niger	Ghana	
République centrafricaine	Guinée	
Sierra Leone	Kenya	
Swaziland	Libéria	
Tanzanie	Madagascar	
Ouganda	Malawi	
Zambie	Mali	
Zimbabwe	Mauritanie	
	Namibie	
	Nigéria	
	Ouganda	
	Rwanda	
	Sénégal	
	Soudan	
	Tchad	
	Togo	

Source : Coffin 2013.

bénéfices que l'on peut en retirer. Selon une récente étude mondiale sur la scolarisation au premier cycle du secondaire, 80 % des adolescents du groupe d'âge correspondant vivent dans des pays où l'éducation est obligatoire à ce niveau, mais 15 % d'entre eux ne fréquentent pas l'école (Bruneforth et Wallet 2010).

La mise en place de l'enseignement obligatoire exerce néanmoins d'autres formes de pression sur le système éducatif. L'expérience de l'Ouganda où l'éducation secondaire est obligatoire et gratuite en est un bon exemple. L'Ouganda a été le premier pays d'Afrique subsaharienne à mettre en place l'éducation secondaire pour tous en 2007. L'achèvement de la scolarité primaire est un préalable à la scolarisation au secondaire, mais le gouvernement a investi pour multiplier les écoles publiques. Il a également subventionné les droits de scolarité des écoles privées, à hauteur d'environ 52 dollars par étudiant et par an. Pendant la première année de mise en œuvre du programme, 69 % des enfants qui avaient achevé le cycle primaire ont poursuivi au secondaire, contre 50 % précédemment, et le taux de scolarisation a surtout augmenté chez les filles venant de ménages pauvres (Asankha et Takashi 2011). Beaucoup craignent cependant que l'enseignement secondaire obligatoire contribue à une détérioration des normes scolaires étant donné qu'il faut désormais assurer le passage des élèves au niveau supérieur (Hedger et al. 2010). De même, le Kenya, où l'enseignement secondaire a été déclaré obligatoire pour tous en 2008, se heurte depuis à une pénurie de salles de classe et d'enseignants, au remboursement tardif des financements publics et à une baisse de la qualité (Kavuma 2011). Ces exemples laissent à penser que même si la scolarisation obligatoire contribue à un accroissement rapide des taux de scolarisation, l'objectif est peut-être trop ambitieux pour des pays confrontés à des problèmes majeurs d'offre et de financement.

En atténuant les problèmes dus à l'insuffisance de revenus, les aides financières et les bourses d'études peuvent améliorer les taux de scolarisation et de rétention. De nombreux programmes de bourses ont été mis en place en Afrique subsaharienne et, du fait de l'expansion de la scolarisation primaire universelle, les régimes de bourses aux étudiants du secondaire connaissent un nouveau souffle. Citons notamment le programme de bourses d'études pour les filles, administré par les ambassadeurs, une initiative lancée en 2004 par l'Agence pour le développement international des États-Unis d'Amérique (USAID) qui s'est donné pour objectif la distribution de plus d'un demi-million de bourses à des filles d'âge primaire de 13 pays africains[2]. Les bourses visent à favoriser la poursuite du cycle primaire mais, dans certains pays, elles sont aussi offertes à des filles qui poursuivent leur scolarité au premier et au second cycle du secondaire[3]. Les bourses couvrent des dépenses diverses selon le pays considéré, mais servent essentiellement à financer les frais de scolarité et des dépenses personnelles, telles que l'achat de manuels scolaires. En Gambie, en Guinée et au Sénégal, plus de la moitié des fonds disponibles sert à l'achat de manuels scolaires. Au Nigéria, 12 % environ vont au règlement des frais de scolarité. Le programme est mis en œuvre par les ONG régionales. En 2009, 144 134 bourses (dont 125 210 allouées à des filles) avaient été distribuées dans 1 639 écoles par 43 ONG, avec la contribution de près de 2 000 intervenants pédagogiques. À ce stade, 25 % des boursiers (plus de 35 000 étudiants) étaient des jeunes en âge de fréquenter le secondaire, mais qui en étaient empêchés par manque d'argent. Ce programme a ouvert la voie à une initiative analogue pour les élèves du secondaire au Bénin et au Mali, principalement en mobilisant des dons privés. Au Mali, plus de 660 filles ont déjà été aidées à poursuivre leurs études au secondaire. Au Bénin, 229 des filles titulaires de bourses du programme américain administré par les ambassadeurs ont obtenu leur diplôme, et il est maintenant prévu d'allouer environ 300 bourses par an à d'autres filles. Au Bénin, l'action menée dans le cadre de ce programme a aussi des visées psychosociales, comme le développement de la confiance en soi.

Dans le nord de l'Ouganda, un petit programme d'aide financière (Initiative *Acholi* pour l'octroi de bourses d'études) prend en charge les dépenses directes et les frais de scolarité des enfants de familles déplacées. Il cible les adolescents de retour chez eux après avoir été enlevés et enrôlés dans les forces rebelles, les orphelins et les enfants déplacés, notamment les jeunes femmes déjà mères. D'autres services sont apportés, comme une prise en charge psychologique pour réduire les comportements à risque et l'abandon scolaire et favoriser le bien-être des jeunes. Comme le programme est financé par des dons privés, les bénéficiaires pourraient se retrouver privés d'appui quand les donateurs retireront leur soutien à l'ONG locale. En outre, le manque de financement empêche toute extension du programme qui reste limité à l'enseignement secondaire formel alors que les bénéficiaires sont très désireux d'utiliser leurs allocations pour des formations professionnelles ou des études de troisième cycle (Initiative *Acholi* en faveur de l'éducation 2013).

À l'autre bout du spectre, on trouve les transferts de fonds qui ont principalement pour objet d'atténuer la pauvreté des ménages. Il existe de nombreux programmes de ce type en Afrique subsaharienne, essentiellement au profit des ménages les plus pauvres et des enfants et des jeunes vulnérables (tableau 4.2). Les dispositifs de transferts de fonds sont relativement faciles à administrer et peuvent conduire à une nette augmentation de la scolarisation des jeunes[4] ; ils sont néanmoins en concurrence avec d'autres programmes de protection sociale, dont les subventions à l'éducation, qui ont besoin des deniers publics et de l'aide des donateurs internationaux. Dans la région, le plus gros programme de transfert de fonds comportant un volet éducation est celui de l'Afrique du Sud, un programme national d'aide à l'enfance qui touche plus de 9 millions d'enfants. Parmi les initiatives récentes, signalons le programme en faveur des orphelins et des enfants vulnérables, mis en place par le Kenya en 2004, qui a été étendu à plus de 100 000 ménages en 2010 dans la quasi-totalité des districts du pays. Une allocation mensuelle de 1 500 shillings kényans est versée à chaque ménage, quel que soit le nombre d'enfants admissibles de moins de 18 ans. Bien que l'allocation ne soit pas conditionnelle, elle est censée couvrir les dépenses de santé, telles que la vaccination, ainsi que les dépenses scolaires, comme les frais de scolarité et l'achat de manuels. Les parents sont toutefois tenus de suivre des présentations sur

Tableau 4.2 Récents programmes de transfert de fonds mis en œuvre en Afrique avec une composante d'aide à l'éducation

Pays	Programme	Date de lancement et d'expansion	Ménages ciblés
Kenya	Programme pour les orphelins et les enfants vulnérables	2004–2008 2009–2015	30 000–50 000 300 000
Zambie	Régime social de transfert de fonds	2007–2008 (pilote) 2009–2012	9 600 ménages dans 15 districts 72 districts
Malawi	Régime social de transfert de fonds	2007–2008 2009–2012	25 000 260 000
Ouganda	Programme pilote de transfert de fonds	2007–2010	9 000
Éthiopie	Programme productif de protection sociale	2005	8 millions

Source : Adato et Hoddinott 2008.

la santé et la nutrition. Le programme est en compétition avec d'autres interventions généralistes, telles que la gratuité de l'éducation ou l'amélioration des infrastructures scolaires. Une fois pleinement mis en œuvre, il pourrait absorber jusqu'à 1,7 % du budget public et 0,5 % du PIB (Ikiara 2009).

En Zambie, le dispositif social de transferts de fonds cible les ménages ayant plus de trois personnes à charge et globalement dépourvus de revenus : une allocation familiale mensuelle d'environ 10 dollars et un complément de 2,50 dollars par enfant leur est versée tous les deux mois. Selon l'évaluation des retombées, les transferts ont contribué à améliorer les résultats de santé et de nutrition, les moyens de subsistance et les perspectives des bénéficiaires. Les retombées sur l'éducation étaient elles aussi importantes : la moitié des jeunes NSD au début du programme fréquentaient l'école au moment de l'évaluation finale (Schüring, Rompel et Stanfield 2009). Si ce programme était étendu à l'ensemble des ménages les plus pauvres du pays, son coût annuel serait de 46 millions de dollars, soit environ 0,4 % du PIB, 1,4 % du budget de l'État, ou encore 4 % des flux annuels d'aide étrangère (Schubert 2005). Le dispositif social de transferts de fonds du Malawi, qui verse des allocations mensuelles directes aux ménages pauvres (environ 4 dollars par adulte) et des primes supplémentaires à l'éducation (1,50 dollar par élève au primaire, et 3 dollars par étudiant au secondaire), appuie actuellement environ 25 000 ménages sans emploi parmi les plus pauvres. L'évaluation du programme pilote, conduit dans le district de Mchinji, a montré une amélioration de la fréquentation scolaire (la probabilité de manquer l'école était inférieure de 6 % chez les enfants des ménages bénéficiaires) et des retombées plutôt positives sur la scolarisation (Miller 2009). L'extension du programme aux quelque 250 000 ménages pauvres du pays coûterait environ 42 millions de dollars par an, soit à peu près un tiers du total des dépenses publiques de protection sociale et d'aide d'urgence (Schubert 2007). Le Libéria a lancé en 2010 un programme semblable, avec des allocations mensuelles de 10 à 25 dollars en fonction de la taille du ménage, et une allocation supplémentaire de 2 dollars (primaire) à 4 dollars (secondaire) par élève tant que les enfants sont scolarisés. Quelque 2 000 ménages bénéficient de ce programme d'un coût annuel de 12 millions de dollars. Au Ghana, le programme Revenu de subsistance contre la pauvreté, un vaste système de transferts d'espèces lancé en 2008, s'adresse également aux orphelins et aux jeunes vulnérables de moins de 14 ans ; il est théoriquement subordonné à la scolarisation, à l'assiduité et aux résultats de santé, mais ces prérequis ne sont pas toujours appliqués (Jones, Ahadzie et Doh 2009, 59).

Les transferts d'espèces sous conditions incitent les familles à maintenir leurs enfants à l'école et contribuent à l'amélioration de leur existence en décourageant les conduites à risque[5]. Un programme de ce type mis en œuvre à Zomba — un district du Malawi caractérisé par une forte densité démographique, des taux élevés d'abandon, des résultats scolaires médiocres et une forte prévalence du VIH/SIDA — a produit des améliorations notables. Les jeunes femmes non mariées de 13 à 22 ans et leur famille bénéficiaient d'une aide associant des primes aléatoires en espèces (versées aux tuteurs et aux jeunes) et la prise en charge des frais de scolarité (dont le règlement incombe aux étudiants du secondaire dans ce pays). L'allocation représentait environ 10 dollars par mois, soit environ 15 % du budget de consommation des ménages, dont 1 à 4 dollars étaient payés en espèces aux jeunes filles concernées. L'intervention consistait en un essai randomisé ; sa première évaluation a révélé un accroissement notable des inscriptions de jeunes NSD :

61,4 % des filles du groupe de traitement ont repris leurs études contre 17 % de celles du groupe de contrôle. En revanche, le taux d'abandon des jeunes filles déjà scolarisées en début d'étude est resté inchangé malgré les transferts conditionnels, ce qui semble indiquer que les allocations sans conditions, vu leurs avantages en termes de coûts administratifs, pourraient bien être tout aussi efficaces pour encourager les jeunes à poursuivre leurs études (de Brauw et Hoddinott 2008 ; Garcia et Moore 2012). Parallèlement, l'évaluation a montré que les transferts conditionnels avaient contribué à réduire les conduites à risque comme la sexualité des jeunes (jusqu'à 40 %), ainsi que l'incidence des mariages précoces et des grossesses chez les adolescentes. Pour les filles NSD au début du programme, la probabilité de se marier — l'évolution la plus fréquente hors école — et de se retrouver enceinte chutait de plus de 40 % et 30 % respectivement.

D'autres pays d'Afrique subsaharienne ont introduit des programmes de transferts d'espèces pour améliorer la scolarisation. Au Burkina Faso, un dispositif pilote a récemment été mis en place dans la région de Nahouri et Sanmatenga pour comparer l'impact des transferts, avec et sans conditions, sur les résultats de santé et d'éducation. Différents ménages de villages aléatoirement sélectionnés ont reçu des allocations subordonnées à des contrôles de santé, à la scolarisation des enfants et à leur assiduité (Garcia et Moore 2012). Comme au Malawi, une récente évaluation a montré que les transferts de fonds, assortis ou non de conditions, amélioraient dans la même mesure la scolarisation des enfants déjà inscrits à l'école ou les plus susceptibles d'y aller, comme les garçons, les enfants plus âgés et ceux ayant des aptitudes réelles. Toutefois, les transferts assortis de conditions paraissaient bien plus efficaces que les systèmes sans contrepartie pour multiplier les chances de scolarisation des enfants généralement laissés pour compte, comme les filles, les jeunes enfants et ceux ayant peu d'aptitude pour l'étude. L'évaluation a révélé que les transferts sous conditions (des allocations annuelles d'environ 18 dollars pour les jeunes enfants et de 35 dollars pour les plus âgés) conduisaient à une augmentation statistiquement significative de la scolarisation, à savoir 20,3 % pour les filles, 37,3 % pour les jeunes enfants et 36,2 % pour les élèves relativement faibles, par rapport au taux moyen de scolarisation de ces sous-groupes (Akresh, de Walque et Kazianga 2013). Mis en œuvre par le Nigéria en 2008, le programme *Care of the Poor* (Prise en charge des pauvres – COPE) verse des allocations en espèces aux ménages les plus pauvres et les plus vulnérables à condition que les membres adultes participent à des séances de formation, gardent leurs enfants scolarisés et utilisent les services de santé. Au Mali, le système Bourse Maman prévoit le versement d'une allocation mensuelle de 10 dollars aux ménages pauvres à condition que les enfants fréquentent l'école pendant 80 % de l'année scolaire ; entre 2002 et 2007, ce programme aurait permis de tripler le taux de scolarisation dans l'une des deux régions participantes (UNICEF 2009). Il a aussi montré que les transferts monétaires subordonnés à des conditions sont difficiles à appliquer, car leur administration exige un ciblage efficace et la mise en application des conditions (Pereznieto 2009).

Les cours de rattrapage et l'encadrement sont des moyens rentables et efficaces pour aider les jeunes à poursuivre ou à reprendre leurs études. Le projet pour l'éducation des filles, administré par l'Union nationale des jeunes et des étudiants d'Érythrée, en est un bon exemple. Il offre un soutien scolaire aux filles pour faciliter leur passage au secondaire, ainsi qu'à des étudiantes du secondaire qui ont des difficultés scolaires. Des cours sont actuellement dispensés à environ 1 440 jeunes filles pauvres, et sont axés sur l'anglais et les mathématiques. À ce jour, aucune évaluation ou suivi systématique n'a été mis en place, mais ces jeunes filles ont pu rattraper leur retard dans les matières principales et sont globalement parvenues à passer en classe supérieure (Banque mondiale 2008, 25–26). En Afrique du Sud, le programme USIKO est spécifiquement destiné aux jeunes à risque. Il leur offre notamment des cours de rattrapage et un encadrement en milieu scolaire, axés sur des compétences scolaires autant que non cognitives. Des bénévoles de sexe masculin ont été recrutés pour encadrer les jeunes hommes, les encourager à poursuivre leurs études et les détourner de comportements dangereux, comme l'adhésion à des gangs (Banque mondiale 2008, 35). Un programme de même type a été lancé à l'intention des filles avec l'aide de bénévoles féminines (van Wyk et Naidoo 2009). Depuis 2000, plus de 600 jeunes l'ont suivi jusqu'au bout et plus de 90 % d'entre eux ont décroché des diplômes secondaires. Il s'agissait à l'origine d'un petit projet du département de psychologie de l'Université Stellenbosch, qui s'est transformé en une ONG indépendante administrée par des représentants des populations locales (Naidoo et van Wyk 2008).

Un autre facteur important pour la rétention scolaire est d'associer les parents à la gestion des écoles, ce qui améliore les chances de réussite des élèves tout en favorisant la réactivité des écoles. De nombreux projets ont été mis en œuvre dans la région pour alphabétiser les parents et leur permettre d'accompagner les enfants dans leurs apprentissages. Entre 2003 et 2008 par exemple, le Mali a mis en œuvre avec des financements de l'USAID le programme d'appui pour la qualité et l'équité de l'éducation, un dispositif de proximité qui s'est donné quatre objectifs : améliorer les compétences pédagogiques, améliorer les programmes, développer l'alphabétisation des adultes et accroître la participation des parents à la gestion des écoles, les deux derniers objectifs visant à impliquer les parents dans l'éducation de leurs enfants. Des cours visant à développer le littérisme et la motivation des parents ont été dispensés dans les centres communautaires par des animateurs bénévoles ayant des liens étroits avec la communauté. Les animateurs et les formateurs n'étant pas rémunérés, les coûts ont été maîtrisés et, durant l'année scolaire 2007-2008, la cinquième et dernière année du programme, quelque 700 écoles en ont bénéficié. À ce stade, des cours de littérisme avaient été offerts à 17 637 apprenants élémentaires (dont 6 524 femmes) et 6 831 apprenants plus avancés (dont 2 260 femmes). Parents et membres des communautés avaient participé à 756 comités de gestion scolaire ou associations de parents d'élèves. Les porteurs du projet ont constaté une amélioration de la qualité des écoles gérées par les participants au programme de littérisme ainsi qu'une implication accrue des parents dans l'éducation de leurs enfants (UNESCO 2009).

Des programmes analogues ont été mis en œuvre dans toute l'Afrique subsaharienne. En Guinée par exemple, le programme de participation communautaire pour une éducation équitable et de qualité a permis d'accroître la scolarisation des filles en développant la participation des parents et en réalisant des investissements simples, bon marché, mais néanmoins importants comme la construction de latrines (Midling et al. 2006, 23). En Ouganda, le programme d'éducation familiale de base, mis en œuvre par une ONG locale et financé par des donateurs internationaux, était tout d'abord une petite activité pilote conduite dans le seul district de Bugiri, à l'est du pays, en 2000–2001 ; elle a été étendue depuis lors à plus de 600 villages de huit districts en guerre du nord du pays. Les évaluations mettent en évidence une augmentation de la fréquentation scolaire (celle des filles s'est améliorée en moyenne de 67 jours par an) et de la participation à la vie citoyenne, et un recul des taux d'abandon, des violences familiales et des mariages précoces. En outre, les parents s'étaient davantage investis dans la gestion des écoles et l'éducation des enfants (Nyamugasira, Dorothy-Angura et Robinson 2005).

Point d'entrée 2 : Remédiation par l'enseignement formel ou extrascolaire

En Afrique subsaharienne, l'enseignement extrascolaire prend généralement la forme de programmes d'apprentissage accéléré débouchant sur des équivalences ou une formation professionnelle et technique. L'enseignement professionnel et technique est généralement considéré comme la passerelle la plus directe vers le marché du travail, même si l'utilité de ces formations n'est pas toujours évidente chez les jeunes déscolarisés, y compris dans les pays développés. Par exemple, une étude longitudinale concernant des jeunes Australiens déscolarisés de 14 ans et plus a montré qu'environ 37 % de ceux qui avaient quitté l'école avaient suivi une formation professionnelle d'un genre ou d'un autre. Parmi les jeunes de l'échantillon, ceux issus d'écoles confessionnelles étaient davantage susceptibles de suivre un enseignement professionnel, à la différence des jeunes venant de milieux pauvres et de zones durement frappées par le chômage. La plupart des jeunes inscrits se tournaient vers des cours à caractère commercial, et de solides corrélations pouvaient être établies entre les résultats scolaires avant l'abandon, le niveau de revenu du ménage d'origine, le milieu socio-économique et la langue maternelle (dans ce cas l'anglais) d'une part, et la capacité de l'étudiant à achever sa formation professionnelle, d'autre part (Ball et Lamb 2001).

Les programmes d'équivalence ou de seconde chance permettent aux jeunes déscolarisés de se qualifier tout en poursuivant leur travail et en honorant leurs obligations familiales. C'est par exemple le cas du programme pour l'éducation de base complémentaire (COBET) de la Tanzanie. Dès les années 80, la Tanzanie avait constaté une grave détérioration des taux de scolarisation et de fréquentation scolaire, principalement due à une baisse de qualité des écoles et de l'enseignement. Selon les estimations, il y avait alors 3 millions d'enfants NSD, soit 40 % environ de la population d'âge scolaire (Helgesson 2001). Le ministère de l'Éducation et de la Culture a lancé le programme COBET en 1999 pour donner une éducation aux enfants NSD, et tout particulièrement aux filles. Les cours sont dispensés dans les centres COBET, et les élèves n'ont rien à débourser. Il n'y a pas d'uniforme et la journée d'école se limite à trois heures et demie, ce qui laisse du temps pour travailler et assumer les tâches domestiques. Le programme a démarré dans 20 centres des deux districts où les taux d'abandon étaient les plus élevés (Masasi et Kisarawe) et, en 2005, il avait été étendu à 50 centres de cinq districts. Il s'adresse aux jeunes de 11 à 18 ans (deux cohortes distinctes) auxquels sont dispensés des cours de calcul, de lecture et d'écriture, ainsi qu'une formation professionnelle condensée sur trois ans pour les plus âgés. Les communautés participent à la mise en œuvre, au suivi et à l'évaluation du programme, avec la collaboration d'ONG, de groupes confessionnels et du secteur privé. En 2005, 617 131 jeunes bénéficiaient du programme COBET, soit 36 % environ de la population visée cette année-là (Macpherson 2007). Aucune évaluation n'a encore été menée, mais une étude de la phase pilote concluait que COBET n'avait pas atteint l'un de ses objectifs déclarés, à savoir développer la scolarisation des filles (Helgesson 2001).

Les programmes d'équivalence qui offrent une certaine flexibilité d'adhésion et d'interruption et entretiennent des liens étroits avec le système formel ont eu plus de succès. Le programme d'éducation de base dans les zones urbaines pauvres (BEUPA) de l'Ouganda est l'un des programmes d'équivalence les plus réussis d'Afrique subsaharienne. Il vise les jeunes de 9 à 18 ans auquel est proposé un enseignement condensé sur trois ans au lieu des habituels cinq ans de l'éducation de base ; comme dans le programme COBET, la journée d'école est raccourcie (Thompson 2001 ; Lamichhane, Prasad et Wagle 2008). Bien qu'il n'y ait pas de données plus récentes, une étude de 2002 a montré que sur les plus de 3 000 élèves des 54 centres de Kampala, 55 % étaient des filles, plus d'un quart avait repris des études formelles et seulement 10 % environ avaient abandonné (Ilon et Kyeyune 2002). Selon cette même étude, le succès du programme BEUPA tenait à la conjugaison de plusieurs facteurs : l'intégration avec un programme d'enseignement formel, l'enseignement d'une combinaison d'aptitudes scolaires et pratiques, une orientation professionnelle, et une forte participation des communautés à l'action des centres.

Madagascar a deux programmes complémentaires, appelés Planète des alphas et Action scolaire d'appoint pour les adolescents malgaches (ASAMA), qui visent à aider des jeunes NSD de 10 à 18 ans à obtenir un diplôme d'éducation de base. ASAMA est un programme d'équivalence qui s'adresse aux 12-14 ans qui n'ont jamais fréquenté l'école formelle ou ont abandonné leur scolarité après un ou deux ans, avant d'achever le cycle élémentaire. Le programme d'éducation de base sur cinq ans est couvert en dix mois, sur trois semestres. Les élèves peuvent suivre les cours jusqu'au bout et passer un contrôle pour obtenir une équivalence, ou reprendre leur scolarité s'ils réussissent un test de niveau établissant qu'ils disposent des connaissances requises. ASAMA était un projet pilote conduit à Fianarantsoa, une ville du centre sud du pays ; la moitié des élèves initialement pris en charge ont réussi le test d'équivalence et obtenu leur certificat d'études primaires. Les premières évaluations ont situé le coût du programme à environ 100 dollars par élève en 2003. Planète des alphas est un programme intensif d'apprentissage de la lecture et du calcul dispensé sur six semaines à des adolescents qui ne savent pas lire ni écrire. En dépit de sa brièveté, les premières évaluations ont montré que plus de deux tiers des élèves réussissaient le contrôle final, environ un sur cinq intégrait l'école primaire formelle, et environ un sur 20 s'inscrivait au programme ASAMA (Joseph et Harison 2007).

Adapter les programmes de la seconde chance aux besoins des populations ciblées peut s'avérer très difficile. Au Zimbabwe, les enfants abandonnent généralement l'école parce qu'ils ne peuvent pas assumer les frais de scolarité et, parfois, parce qu'ils ne peuvent pas fournir l'extrait de naissance nécessaire à leur inscription ou à l'obtention d'une aide (Kajura 2012). Une récente intervention, mise en œuvre par le projet Les enfants d'abord et l'Initiative pour une société ouverte en Afrique australe, résultait du constat que la moitié des enfants du Zimbabwe ne passait pas en première année (après la septième classe). Les cours de rattrapage consistaient en un programme accéléré d'un an visant à mettre à niveau les jeunes NSD de 12 à 15 ans pour qu'ils réussissent l'examen à la fin de la septième classe. Des manuels ont été distribués à différents centres d'enseignement administrés par une ONG nationale (Organisation pour l'alphabétisation des adultes du Zimbabwe – ALOZ). D'après les partenaires du programme, des jeunes de plus en plus nombreux — dont certains ne sont jamais allés à l'école — se présentent dans les centres. La plupart n'ont pas le niveau de base en calcul et en lecture, et il faudra compter plus d'un an pour son acquisition (Initiative Bantwata 2012).

Les programmes d'enseignement extrascolaire de plus grande envergure ciblent généralement les jeunes et les adultes, et reposent sur une collaboration entre des entités nationales et locales. Le financement reste un problème chronique. Récemment, le ministère de l'Éducation de la Sierra Leone a lancé un programme d'accompagnement des centres communautaires d'éducation en vue de l'alphabétisation et de la formation professionnelle des femmes et des jeunes filles, avec le soutien financier de l'UNESCO et la collaboration d'ONG locales. Il s'adresse aux enfants NSD ainsi qu'aux illettrés fonctionnels, jeunes et adultes, notamment ceux en situation de privation, comme les victimes de guerre, les rapatriés, les orphelins, les réfugiés et les personnes déplacées à l'intérieur du pays. Sur une période de 10 mois, on leur enseigne les rudiments de la lecture, de l'écriture et du calcul, des compétences professionnelles, une éducation civique et des compétences pratiques axées sur la responsabilité financière, les relations entre les sexes et la santé. Les pouvoirs publics assurent la supervision et l'assistance technique, mais les cours sont dispensés dans les centres d'apprentissage communautaires par des bénévoles qui reçoivent de l'État une formation et un petit pécule. Pendant la phase pilote, les participants (environ 2 500 par an) ont globalement achevé le cycle d'enseignement. L'extension du programme est toutefois limitée par le manque de financement, la lenteur des travaux de rénovation des centres communautaires, le manque d'animateurs, et surtout d'animatrices (et peut-être à cause du versement irrégulier de la rémunération)[6]. Au Ghana, le programme national d'alphabétisation fonctionnelle est parvenu à recruter des animateurs bénévoles en leur offrant des contreparties efficaces, comme des vélos ou des machines à coudre. Ce programme, comme celui de la Sierra Leone, a été conçu et supervisé par l'administration centrale, mais mis en œuvre par des organismes locaux. Il dispensait des cours d'alphabétisation fonctionnelle, associés à des compétences professionnelles et pratiques et à des connaissances sur la santé. Plus de 2 millions d'adultes en ont bénéficié (y compris dans sa forme première, mise en place en 1992) et le recours aux bénévoles a permis de réduire les coûts. Lorsque l'aide internationale a pris fin, le manque de financement est toutefois devenu un problème majeur. Par ailleurs, même si les bénévoles étaient capables d'enseigner les rudiments du calcul, de l'écriture et de la lecture, ils n'étaient pas nécessairement formés dans d'autres domaines, notamment la formation professionnelle (Aryeetey et Kwak 2006). En 2005, le ministère de l'Éducation du Libéria a lancé un projet d'avancement de l'enseignement extrascolaire destiné aux 13-35 ans afin de les former à la vie active. À ce titre, des cours de lecture, d'écriture et de calcul étaient dispensés en milieu communautaire, parallèlement à une formation pour les préparer au travail et développer leurs connaissances sanitaires et leurs compétences pratiques. Une aide a aussi été apportée aux réseaux de jeunes, et le programme s'est engagé à soutenir les partenariats public-privé, aux côtés d'entreprises nationales et internationales, pour permettre aux jeunes d'acquérir des compétences pratiques en cours d'emploi. Le projet a été mis en œuvre par des ONG locales, avec la participation de plus de 70 000 apprenants durant sa meilleure année, mais il a été interrompu en 2011. Son évaluation a montré qu'il avait permis de toucher les groupes les plus vulnérables du pays, avec un taux de fréquentation systématiquement élevé (Manda 2011).

Les centres locaux de formation peuvent contribuer à la mobilisation de financements pour les stagiaires. Citons par exemple le programme EXPRO de l'Éthiopie qui dispense une formation extrascolaire en milieu communautaire aux jeunes et aux adultes pour les aider à gagner leur vie ; les cours associent l'acquisition du littérisme, de compétences psychosociales et la gestion de petites entreprises. Il a été lancé en 2000 au profit d'adultes et d'enfants qui n'avaient pas achevé leur éducation formelle, en particulier les ruraux vivant dans une pauvreté extrême. Fondé sur une collaboration entre le ministère de l'Éducation, les bureaux régionaux de l'éducation et les commissions locales d'enseignement professionnel et technique, il permet de former environ 2 000 personnes par an. Pendant une période moyenne de trois mois, les stagiaires suivent une formation intensive à un métier donné (par exemple la confection, la menuiserie, la réparation de pneus ou l'élevage) dans des centres communautaires locaux ou des centres d'enseignement professionnel, avec parfois un complément d'alphabétisation. Le programme est conçu pour faire le lien entre la formation et l'accès au crédit et améliorer ainsi les perspectives d'emploi, mais cette composante du projet n'a pas donné les résultats escomptés (Sandhaas 2005). En 2004, un examen du programme a révélé que les trois quarts des stagiaires étaient des femmes. Comme dans d'autres initiatives de grande envergure, ce programme a souffert du peu de coordination entre les représentants de l'administration centrale et des services de district, et son extension a été freinée par le manque d'effectifs. Le budget des centres, financé par les pouvoirs publics, était insuffisant, avec pour conséquence un manque de supports pédagogiques et de matériel de formation. Certains centres parvenaient à engranger des recettes en vendant du lait ou des articles, tels que des meubles construits par d'anciens stagiaires pour être vendus à des écoles ou à des bureaux. D'autres centres ont fait appel à d'anciens stagiaires spécialisés dans la construction pour des travaux d'agrandissement, par exemple des bureaux dont la location produirait un revenu supplémentaire. Il n'existe pas de données permettant d'évaluer l'impact du programme sur l'emploi des stagiaires, mais ces derniers se disent mieux qualifiés et plus motivés pour s'engager dans des activités rémunératrices.

Plus récemment, des programmes novateurs, dont certains dispositifs de proximité, ont associé la formation professionnelle à l'enseignement de compétences utiles pour la vie, suite à une prise de conscience des liens entre les perspectives d'emploi, la pauvreté et les comportements à risque des jeunes. En Ouganda, un petit dispositif randomisé qui allie la formation professionnelle à une action de prévention du VIH/SIDA a montré que les jeunes en apprentissage chez des artisans locaux, et parallèlement ciblés par des activités de prévention, avaient moins tendance à tomber dans la délinquance et s'amélioraient dans une proportion supérieure à celle du groupe de contrôle à qui la formation professionnelle était dispensée plus tardivement. Ainsi, les jeunes qui apprenaient rapidement un métier avaient plus de chances de se faire employer, et faisaient état de progrès bien supérieurs de leur qualité de vie et de l'appui social. Ces jeunes faisaient l'objet d'un suivi au recrutement, puis après quatre mois et 24 mois ; à ce stade, 74 % d'entre eux avaient un emploi. À l'époque de la dernière évaluation, les deux groupes avaient suivi une formation professionnelle et témoignaient d'avancées, telles qu'un emploi durable et une régression des conduites à risque, avec moins de partenaires sexuels, plus d'abstinence, un recours accru aux préservatifs et une moindre consommation d'alcool, de marijuana et de drogues dures (Rotheram-Borus et al. 2011). La moitié des participants environ n'avait jamais été employée au moment de leur recrutement ; à la fin de l'intervention pilote, 86 % d'entre eux avaient un travail. Ce programme était mis en œuvre par une ONG (*Uganda Youth Development Link*) au moyen de financements privés. Un programme similaire (Programme de formation d'apprentis et appui à la création de microentreprises pour les jeunes vulnérables) a été mené au Malawi pour déterminer si les jeunes mieux informés sur les conséquences de leurs comportements à risque et ceux qui améliorent leurs perspectives d'emploi par la formation étaient moins susceptibles d'adopter des conduites à risque (Cho 2010), mais l'évaluation d'impact de ce programme n'est pas encore achevé.

En Sierra Leone, l'évaluation à mi-parcours d'un programme informel de formation — relevant d'un dispositif de promotion de l'emploi mis en œuvre en 2006, et associant des cours de lecture, d'écriture et de calcul, des activités de développement des compétences et des services de conseil aux jeunes — a mis en évidence une réduction des conflits et de la violence chez les jeunes pris en charge tant dans les lieux de formation que dans leur milieu de vie (Coopération technique allemande 2010). En Afrique du Sud, le projet de gestion des conflits urbains, conduit tout au long de 2010, s'inscrivait dans une démarche volontaire de résolution des conflits, appelée Artisans communautaires de la paix ; les adhérents du programme ont pu développer leurs aptitudes cognitives et psychosociales, et suivre des formations dans le cadre de stages d'apprentissage. Bien qu'aucun chiffre ne soit disponible, ce programme a fait reculer la délinquance et les jeunes qui s'étaient portés volontaires pour devenir des artisans de la paix ont presque tous bénéficié d'une formation professionnelle qui a abouti à un emploi, essentiellement dans des services de sécurité (Coopération technique allemande 2009).

Divers éléments permettent de penser que la formation professionnelle donne de meilleurs résultats quand elle propose une palette de solutions. Le programme de bons de formation professionnelle et technique du Kenya a démarré en 2008 avec environ 2 160 jeunes NSD (principalement des 18-30 ans). Seulement un quart d'entre eux avaient achevé leurs études secondaires, et 27 % avaient quitté l'école avant la huitième classe. Le programme avait été conçu de manière à mesurer l'efficacité des bons de formation. Un bon a été remis à la moitié des participants environ, l'autre moitié servant de groupe de contrôle. Parmi ceux disposant d'un bon de formation, une moitié aléatoirement sélectionnée avait un bon limité aux institutions publiques, tandis que les bons sans restriction remis à l'autre moitié pouvaient être utilisés au choix auprès d'institutions publiques ou privées. D'une valeur d'environ 460 dollars, ces bons suffisaient à couvrir le coût d'une formation professionnelle dans le secteur public ou privé. Des séances d'information sur les gains et les retombées de l'enseignement professionnel ont été organisées au profit de la moitié des participants (aléatoirement sélectionnés dans le groupe de traitement et le groupe de contrôle). L'évaluation a montré que les jeunes adultes étaient encouragés à suivre une formation quand on leur offrait un bon qui en couvrait le coût, et que ceux qui l'utilisaient pour financer une formation privée étaient plus susceptibles de suivre l'enseignement jusqu'au bout. Parmi les participants titulaires d'un bon, 74 % s'inscrivaient à une formation professionnelle d'un genre ou d'un autre, contre moins de 4 % de ceux du groupe de contrôle. Les taux de participation étaient plus élevés chez ceux qui avaient des bons sans restriction (79 % contre 64 %), et les abandons plus fréquents chez ceux dont les bons faisaient l'objet de restrictions (avec un écart d'environ 16 %). Constat intéressant de l'évaluation, les participants qui n'avaient pas achevé le cycle secondaire risquaient moins d'abandonner que ceux qui s'inscrivaient au programme déjà dotés d'un diplôme secondaire, et l'on peut donc affirmer que les jeunes moins éduqués accordaient davantage de valeur à la formation professionnelle (Hamory Hicks et al. 2011). Les données disponibles ne suffisent pas à démontrer dans quelle mesure le programme a amélioré les perspectives d'emploi des participants, mais des évaluations qualitatives laissent à penser que la plupart des lauréats ont au moins pu trouver un emploi à temps partiel.

L'efficacité de l'enseignement extrascolaire peut être freinée si les participants sont confrontés à des problèmes de survie. En Ouganda, un programme d'enseignement extrascolaire et d'apprentissage destiné aux jeunes marginalisés vivant dans les rues et les bidonvilles a été mis en œuvre entre 2005 et 2009 grâce à un financement de l'UNESCO, par une ONG qui ciblait spécifiquement les jeunes NSD vulnérables sur le plan socio-économique. Les formations étaient centrées sur les compétences pratiques requises dans certains métiers, tels que la coiffure, la confection, la mécanique automobile, la menuiserie, l'électronique, le soudage et la cuisine. Des connaissances pratiques étaient aussi enseignées, surtout sur le VIH/SIDA, la santé génésique, la nutrition, l'éducation des enfants, la toxicomanie et l'alcoolisme. Des animateurs ont été recrutés et chargés de la mobilisation des communautés, de la coordination et du suivi du programme et du recrutement de praticiens locaux compétents dans les différents métiers visés, et à même d'enseigner et d'encadrer les jeunes. Les animateurs étaient aussi chargés d'identifier les jeunes les plus susceptibles de bénéficier du programme. La formation était majoritairement informelle et se résumait à l'apprentissage d'un métier auprès d'un praticien local. Au titre de la composante éducation sanitaire, une instruction formelle était aussi dispensée sous forme de séminaires, de discussions de groupe, d'exposés et de lectures faciles. L'évaluation des jeunes relevait des animateurs, des travailleurs sociaux et des artisans du métier concerné. Entre 2004 et 2006, 184 jeunes ont été pris en charge au titre de ce programme, dont une majorité de femmes (152). La plupart (170) ont indiqué avoir quitté l'école faute de pouvoir payer les frais de scolarité. Bien qu'il n'existe pas de données sur les taux d'achèvement, le document d'évaluation indique que les jeunes qui ont interrompu leur formation ont justifié leur abandon par le fait que le programme n'apportait pas de solution à leurs problèmes et besoins économiques immédiats. Par ailleurs, l'absence de formalisme a parfois abouti à des situations où l'artisan et l'apprenti étaient mal assortis, à des conflits de rémunération et à l'irrégularité de l'expérience acquise. Les artisans recrutés dans le cadre du programme n'étaient pas forcément aptes à transmettre leur savoir à des jeunes sans grande éducation formelle. Au nombre des problèmes fréquemment évoqués, citons les lenteurs d'apprentissage ainsi que des comportements destructeurs, gênants et non professionnels, comme le fait de quémander de l'argent auprès des clients (UNESCO 2006). Néanmoins, les stagiaires qui ont mené leur formation jusqu'au bout ont pu trouver un emploi rémunérateur, et témoignent généralement d'une amélioration de leur estime de soi.

L'enseignement extrascolaire est hautement nécessaire dans les zones en proie à des conflits, mais les interventions coordonnées à grande échelle sont rares. Selon un rapport de 2007 de l'Agence britannique pour le développement international, l'enseignement extrascolaire est globalement abandonné aux ONG et aux organisations communautaires dans les régions sortant d'un conflit, telles que le nord de l'Ouganda, le Somaliland, la province du Cap oriental, l'Afrique du Sud, la Namibie, la Sierra Leone et la République démocratique du Congo (Dennis et Fentiman 2007). Dans le nord de l'Ouganda où le conflit entre le Gouvernement ougandais et l'Armée rebelle de résistance du seigneur (LRA) a provoqué le déplacement de plus de 2 millions de gens, les interventions ont ciblé les groupes les plus vulnérables, notamment les enfants rendus orphelins par la guerre et le VIH/SIDA, les enfants enlevés et les jeunes vivant dans des camps. En Ouganda, l'éducation est très décentralisée et les collectivités locales n'ont pas nécessairement les moyens d'appuyer des interventions à grande échelle. L'agence locale de développement a installé dans les camps des structures scolaires temporaires et y a affecté des enseignants, mais les ONG se sont aussi investies pour dispenser un enseignement extrascolaire. Par exemple, l'école de couture Ste. Monique pour les filles, qui est rattachée à une institution religieuse, offre depuis 1982 une formation professionnelle aux filles enlevées par les forces rebelles. On leur enseigne un mélange de compétences professionnelles et des services de conseil, comme le programme de bourses d'études qui comprend une prise en charge psychologique (Bell 2008). Toutefois, les chiffres sont bien faibles au vu des besoins : l'école de couture a formé une moyenne de 50 élèves par an depuis 1982 (UNICEF 2008). Au Somaliland, une ONG locale appelée Comité des jeunes bénévoles de la Corne de l'Afrique, dispense une formation professionnelle aux jeunes désireux de reprendre leurs études. Offert depuis 1998, ce programme fournissait initialement une formation à des rapatriés sans ressources, et s'est réorienté au fil du temps sur les jeunes NSD. Compte tenu de l'importance de la demande, les candidats sont désormais testés et des frais de scolarité sont exigés. À ce jour, quelque 3 000 jeunes ont été formés dans ce cadre.

L'un des plus vastes programmes pour les jeunes NSD vivant dans des zones en phase de relèvement a été mis en œuvre en Sierra Leone. Le programme de formation et d'enseignement pour la réinsertion des jeunes dans la paix a été dispensé de 2001 à 2004 au profit d'anciens combattants et d'autres jeunes victimes de guerre de 15 à 34 ans. Un enseignement extrascolaire leur était offert dans les centres communautaires, associant des connaissances scolaires, des compétences pratiques et une formation à la réinsertion. Un an après son lancement, 40 000 jeunes et adultes avaient bénéficié du programme. Selon une évaluation quantitative d'une enquête réalisée auprès des participants, la plupart de ses objectifs ont été atteints pour un coût relativement faible (150 dollars par participant) (Hansen, Wolf et Sommers 2002). Les bénéficiaires ont signalé une amélioration de leurs aptitudes personnelles, comme la gestion du stress et des conflits, la résolution de problèmes et la gestion de leur existence. Ils ont aussi déclaré avoir fait des progrès en lecture, en écriture et en calcul et participé davantage à la vie citoyenne (Martin et Wingate 2001). En République du Sud Soudan, le programme d'apprentissage accéléré, initialement mis en œuvre par le Gouvernement soudanais, cible les jeunes NSD, les enfants soldats démobilisés et les jeunes femmes de 12 à 18 ans qui n'ont pu avoir accès à l'éducation formelle. Les huit années d'éducation de base ont été condensées en un programme d'enseignement de quatre ans qui comprend aussi des cours pratiques pour la vie quotidienne et la santé. Dispensé dans des établissements scolaires, le programme est conçu de manière à servir de passerelle entre l'enseignement formel et le programme d'apprentissage accéléré (Nicholson 2006). Il a permis d'offrir un enseignement à plus de 120 000 apprenants dans 260 centres administrés par des ONG et dans 815 autres centres relevant du ministère de l'Éducation. Le taux de participation des filles à ce programme est plus élevé que dans l'enseignement formel.

Point d'entrée 3 : Insertion sur le marché du travail

Il existe dans les pays d'Afrique subsaharienne une multitude de programmes nationaux de perfectionnement de la main-d'œuvre : systèmes de formation à grande échelle, bourses d'emploi et régimes de subventions de l'emploi. Ces programmes visent généralement les personnes sans emploi, sans nécessairement profiter aux jeunes NSD les plus vulnérables, étant donné qu'il faut généralement avoir certaines qualifications pour bénéficier des dispositifs de promotion de la formation et de l'emploi. En règle générale, les actions ciblant spécifiquement les jeunes NSD défavorisés sont axées sur l'enseignement professionnel et les compétences utiles à la vie quotidienne (citons par exemple les programmes d'autonomisation au Kenya et au Nigéria ; les programmes de formation des jeunes travaillant dans le secteur informel au Zimbabwe ; et les programmes associant apprentissage et formation en Côte d'Ivoire) ; une formation et une aide à la création de microentreprises sont parfois incluses, avec des cours sur la préparation de propositions, de plans de gestion, d'analyses financières, d'études de faisabilité et d'analyses juridiques (on trouve de multiples programmes d'aide à la création d'entreprises au Burkina Faso, en Ouganda et en Tanzanie) ; il faut enfin mentionner les programmes qui fournissent les mises de fonds initiales ou un accès au microfinancement. La plupart des petits programmes d'appui aux jeunes NSD sont conduits par des ONG, des donateurs internationaux ou des organisations multilatérales (Rother 2006). Le plus souvent, les programmes de développement de la main-d'œuvre ont des objectifs qui vont bien au-delà du simple retour des jeunes à une éducation d'un genre d'un autre.

Tout d'abord, la structure et le contenu des programmes de développement de la main-d'œuvre rendent compte du caractère informel et du manque de développement des marchés du travail. En Afrique subsaharienne, l'apprentissage informel est le moyen de choix pour fournir des compétences aux jeunes NSD et les aider à trouver un emploi. Les apprentissages formels font donc partie intégrante des systèmes d'enseignement technique et professionnel de nombreux pays d'Afrique subsaharienne[7] ; au demeurant, les stages d'apprentissage informels proposés par des entreprises ou des artisans contribuent grandement à promouvoir les perspectives d'emploi des jeunes NSD. Cette situation tient au fait que les programmes formels ne sont pas en mesure d'offrir les formations recherchées sur le marché du travail, et que la formation, formelle et informelle, semble mieux adaptée aux besoins d'un marché de l'emploi qui est globalement non structuré. Dans des pays comme la Gambie, le Ghana, Madagascar, le Malawi, le Mali, le Sénégal, la Tanzanie et la Zambie, on estime que 50 à 90 % des jeunes suivent un apprentissage informel (Biavaschi et al. 2012) qui est souvent strictement pratique, sans contrat ou régime d'indemnisation. Le recrutement se fait par l'intermédiaire des réseaux sociaux, la préférence allant aux jeunes ayant reçu une éducation de base. Comme ces stages sont généralement offert sur le marché informel de l'emploi, ils débouchent souvent sur un travail indépendant ou un emploi dans l'entreprise qui a assuré la formation initiale (Aggarwal, Hofmann et Phiri 2010 ; Nübler, Hofmann et Greiner 2010). D'après une étude réalisée au Ghana, l'apprentissage augmente de 50 % les gains des jeunes sans grande formation formelle (Monk, Sandefur et Teal 2008). Les tentatives des pouvoirs publics pour officialiser ces systèmes d'apprentissage informel ont rarement abouti (par exemple au Ghana et en Guinée).

Dix-sept pays d'Afrique subsaharienne ont réservé des crédits en vue de la constitution de fonds de formation au pré-emploi ou en cours d'emploi, ainsi qu'à la formation des personnes sans travail et des groupes défavorisés comme les jeunes NSD[8]. À la différence des formations prises en charge par des ministères ou dispensées par le secteur de l'éducation formelle, les fonds de formation appuient généralement des entités tierces (institutions de formation, entreprises ou entités intermédiaires, telles que les groupes de microfinancement ou le secteur informel) afin qu'elles offrent des formations aux groupes visés. Les fonds sont souvent officialisés en tant qu'entités autonomes administrées par les représentants des pouvoirs publics, des employeurs et, dans certains cas, des employés. Les crédits peuvent servir à financer des services de formation, à subventionner la rémunération des stagiaires, à financer des allégements fiscaux pour les entreprises participantes ou à verser des allocations directes aux stagiaires. Les contrats de formation sont généralement attribués par appel d'offres, ce qui réduit les coûts de formation. De manière générale, les fonds de formation établis en Afrique subsaharienne ont connu des résultats positifs, par exemple au Bénin, au Burkina Faso, en Côte d'Ivoire, au Ghana, à Madagascar, au Mali et en Mauritanie, et tous ont été financés par l'aide internationale ; ils ont contribué à former de très nombreux stagiaires, en dépit de résultats mixtes du point de vue de l'emploi (Gyampo 2012) ; de plus, la viabilité de ces dispositifs est toujours mise à mal lorsque le financement des bailleurs de fonds prend fin. Le fonds de formation de l'Afrique du Sud fait exception à la règle : un cinquième des prélèvements sur la masse salariale des entreprises du secteur formel est reversé au Fonds national de développement des compétences qui offre des formations aux groupes et minorités défavorisés, et environ un quart des dépenses du Fonds national est alloué au financement de la formation des jeunes (Johanson 2009).

Les vastes programmes d'emploi et de formation administrés par les pouvoirs publics au niveau national ne donnent pas toujours les résultats escomptés. À titre d'exemple, les formations résultant de réformes sectorielles, surtout agricoles — comme celles engagées en République centrafricaine (Banque mondiale 1999) et au Burundi (Banque mondiale 1997) — n'ont pas eu d'impact notable sur les perspectives d'emploi des jeunes. De même, les grands chantiers de travaux publics pour les jeunes — comme les projets nationaux de corps de jeunes volontaires pour l'environnement précédemment mis en œuvre avec l'appui du Programme des Nations Unies pour le développement (PNUD) en Gambie et au Lesotho, le programme élargi de travaux publics de l'Afrique du Sud et les programmes de travail rémunéré de la Sierra Leone — permettent parfois de donner du travail à un très grand nombre de jeunes (Lal et al. 2010 ; Lieuw-Kie-Song et Philip 2010) ; s'ils sont bien ciblés, ils peuvent promouvoir leur insertion, sans pour autant avoir de réels effets sur leurs perspectives d'emploi à long terme, peut-être parce que ces projets proposent des emplois peu valorisants (par exemple dans la construction de routes ou la collecte des déchets municipaux) et peu rémunérateurs (Andrews et Kryeziu 2012). Au Nigéria, de nombreux jeunes ont bénéficié du programme d'apprentissage en libre accès (Haftendorn et Salzano 2004) qui a pourtant été miné par un fort taux d'abandon (de l'ordre de 42 %). Le programme d'appui à l'introduction de la formation professionnelle par alternance de la Côte d'Ivoire, qui associait des cours théoriques et des stages pratiques et offrait des services de placement aux jeunes NSD, s'est heurté à de multiples difficultés en 2002 du fait de la détérioration des conditions économiques et politiques. Le programme a dû être interrompu en dépit d'un certain succès de proximité (Brewer 2004). Au Ghana, les stages pré-emploi offerts aux lauréats du secondaire ou aux jeunes NSD, principalement en zone rurale, ont pâti d'une qualité médiocre, de taux d'abandon élevés et de problèmes de coordination entre les autorités nationales et régionales (Palmer 2007, 217). Ce programme, qui était offert par l'Agence des centres communautaires intégrés de formation à l'emploi, avait été initialement conçu comme une alternative communautaire à l'enseignement formel et reposait sur l'intervention d'artisans locaux qui devaient former les jeunes et leur offrir du travail.

Malheureusement, les centres de formation n'ont jamais été en mesure de mobiliser l'appui financier nécessaire auprès des communautés (Palmer 2007). Toujours au Ghana, un court programme de développement des compétences appelé Programme d'acquisition de compétences et de formation à l'entreprenariat a connu le même sort. Les coûts de formation étaient pris en charge par les pouvoirs publics, et, jusqu'en 2006, le programme a offert des formations, des stages d'apprentissage, des services de placement et des microfinancements à 27 500 stagiaires. Bien qu'il soit parvenu à toucher énormément de jeunes, il a été entravé par un manque de coordination entre les régions et l'administration centrale. Les domaines de formation et les programmes d'enseignement, dictés par l'administration centrale, ne correspondaient pas avec les besoins régionaux, et les transferts de crédits publics à destination des régions étaient souvent en retard. Les lauréats du programme de formation avaient parfois bien du mal à accéder au microcrédit. On ne connaît pas l'impact du programme sur l'emploi, mais il a fini par être absorbé dans le programme national pour l'emploi des jeunes.

Deuxièmement, les programmes de développement de la main-d'œuvre cherchent à faciliter la transition entre l'école et le travail. Les établissements scolaires sont parfois déconnectés des besoins du marché du travail, et il n'est pas rare de voir des travailleurs bien qualifiés avoir plus de difficultés à trouver un emploi que d'autres moins formés qu'eux. C'est pourquoi de nombreux programmes associent une formation d'un genre ou d'un autre à des stages en entreprise, c'est généralement là que surviennent les problèmes en raison d'un manque de capacité ou de coordination entre l'organisme public de formation et les entreprises ciblées. L'accès à la vie active des jeunes qui ont abandonné leurs études peut s'avérer particulièrement difficile s'il est mal vu de ne pas être allé à l'école ou de n'avoir qu'une formation pratique.

Les expériences conduites en Amérique latine montrent que les grands programmes d'apprentissage informel et de formation en cours d'emploi peuvent donner de bons résultats s'ils sont ciblés, décentralisés et coordonnés à l'échelle de la puissance publique tout entière, des entités civiles et du secteur privé. Les évaluations d'impact des programmes *Jovenes* ont été très positives par rapport aux résultats de grands programmes analogues mis en œuvre dans d'autres régions pour développer la main-d'œuvre. Le premier programme *Joven* a été lancé au Chili en 1990, avant que le concept soit étendu à l'Argentine, à la Colombie, au Pérou et à l'Uruguay. Comme de nombreuses initiatives similaires d'Afrique subsaharienne, les programmes *Jovenes* offrent une combinaison d'enseignement scolaire de base, de formation à un métier particulier et une aide pour la recherche d'un emploi. Les participants acquièrent une expérience dans des entreprises où leur métier est appliqué, mais les entreprises ne sont pas censées les payer ou leur offrir un emploi à l'issue de leur formation. La formation et le stage sont de courte durée et se déroulent sur environ six mois au total. Les participants reçoivent une allocation pour couvrir leurs dépenses directes, comme les trajets entre le logement et le lieu de travail. Betcherman, Olivas et Dar (2004) ont étudié ces programmes et en ont recensé les principales caractéristiques dans les différents pays : ce sont des programmes exécutés avec la collaboration de l'État qui assure la conception, la supervision et l'appui financier, et celle d'organismes publics et d'entités civiles qui sont chargés de la mise en œuvre sur le terrain. La formation et l'expérience professionnelle sont l'affaire des entreprises. Les programmes s'adressent à une catégorie de jeunes bien spécifiques, et non à des groupes plus vastes, et déterminent les domaines de formation, les conditions d'expérience professionnelle, le taux des subventions, les qualifications exigées et les lieux d'exécution. La supervision est assurée par l'administration centrale, bien que les programmes soient exécutés localement, et les entreprises privées chargées de dispenser la formation et les stages professionnels sont sélectionnées par appel d'offres. Enfin, les programmes incluent des modules de développement des aptitudes non cognitives, comme la qualité des relations interpersonnelles et l'estime de soi. Les programmes *Jovenes* ne profitent pas à tous les jeunes NSD : on a en effet constaté qu'ils donnent les meilleurs résultats avec les jeunes qui ont derrière eux quelques années d'études secondaires.

Des programmes très semblables sont aujourd'hui mis en œuvre en Afrique subsaharienne. Au Kenya, le projet d'autonomisation des jeunes comprend un stage en entreprise ainsi qu'une composante de formation qui permet aux 15-29 ans d'acquérir une expérience professionnelle et des compétences dans les secteurs formel et informel. Pour en bénéficier, les jeunes doivent justifier d'au moins huit ans de scolarité et avoir quitté l'école depuis au moins un an. Un plafond de 40 % a été fixé à la participation de jeunes ayant suivi un enseignement de troisième cycle. L'objectif est de former environ 10 000 jeunes sur quatre ans. L'évaluation du programme sera axée sur l'amélioration de l'emploi et des conditions de vie, et portera sur des dimensions, telles que l'évolution des gains et des conduites à risque. À ce jour, 1 095 jeunes (dont 425 femmes) ont suivi des cours de développement des compétences nécessaires à la vie quotidienne, avec un taux de participation de 80 %, et 916 stages en entreprise ont été organisés dans les secteurs informel et formel. La majorité de ces stagiaires a pu bénéficier d'un complément de formation à la gestion d'entreprise (KEPSA 2011).

Une autre initiative qui a donné de bons résultats est le programme Des débouchés pour les jeunes, mis en œuvre en Ouganda, dans le cadre d'un projet financé par la Banque mondiale à hauteur de 100 000 dollars (Fonds d'action sociale pour le nord de l'Ouganda). Il cible des jeunes sans travail ou sous-employés de 15 à 35 ans qui vivent dans la pauvreté. Le programme est fortement décentralisé, et conduit à l'initiative des communautés et des districts afin d'offrir une formation professionnelle aux jeunes ; à ce titre, des allocations de 10 000 dollars sont remises à des groupements de jeunes qui doivent présenter des projets de formation à un métier donné auprès d'une institution compétente. Les groupements de jeunes dont les propositions sont approuvées reçoivent une allocation versée sur un compte bancaire communautaire. Les fonds servent à financer les coûts d'inscription à l'institution désignée, l'achat des supports de formation, les outils dont les lauréats auront besoin pour travailler ainsi que les frais de démarrage de leur activité après obtention de leur diplôme. Les subventions sont gérées par les bureaux techniques des districts, sous couvert du Fonds d'action sociale pour le nord de l'Ouganda (Blattman, Fiala et Martinez 2009). La résolution de conflits est également enseignée dans le cadre du programme. Une évaluation a été réalisée au moyen d'un essai randomisé qui visait à mesurer l'impact des subventions sur l'emploi et la formation. La première évaluation a montré que les groupes qui bénéficiaient de subventions communautaires avaient près de quatre fois plus de chances de suivre une formation professionnelle et deux fois plus de chances de trouver un emploi qualifié. En outre, ils amélioraient leurs bénéfices de 50 % et leurs économies de 20 % par rapport aux jeunes du groupe de contrôle. Ils étaient aussi plus susceptibles de participer à des activités civiques, et de se garder des comportements agressifs, notamment les hommes (Blattman, Fiala et Martinez 2011).

Les programmes de formation et d'apprentissage offerts par des ONG et d'autres intervenants sont généralement limités en taille et en durée, notamment lorsqu'ils sont financés par l'aide internationale. L'Alliance pour l'emploi des jeunes par exemple était un programme de cinq ans, financé par l'USAID, Nokia et le Lions Clubs, qui avait pour objet de fournir une formation et des services d'emploi à des jeunes NSD à risque de 14 à 29 ans. Environ 900 jeunes ont reçu une formation dans ce cadre en Afrique du Sud, au Rwanda et en Tanzanie dans des secteurs comme l'accueil, la menuiserie, les services de chauffeur, la confection, l'esthétique, les médias et les studios d'art, ainsi qu'une aide pour le lancement de leur entreprise. Un emploi a été trouvé pour plus de la moitié des jeunes formés en Afrique du Sud (IYF 2009). Le programme a été interrompu à la fin de sa cinquième année. Le gouvernement du Libéria a récemment mis en place le programme d'autonomisation économique des adolescentes et des jeunes femmes, qui offre des services de formation et de placement à des jeunes de 16 à 27 ans, avec l'appui de la Banque mondiale et le soutien financier de la Fondation Nike. Le programme prévoit des formations professionnelles ou une préparation à la création d'entreprise, associées à un soutien de six mois pour la recherche d'un emploi ou l'accès au microcrédit pour les femmes désireuses de lancer leur propre affaire ; d'autres activités sont aussi offertes, comme l'enseignement de compétences utiles à la vie quotidienne, un encadrement, une formation financière et d'autres formes d'aide, telles que des services de garde d'enfants et la prise en charge des frais de transport des participantes. Le programme avait pour objectif déclaré de former 2 500 jeunes femmes et de leur garantir un emploi et, selon les rapports des deux premières années d'exécution, il a au moins atteint ses objectifs de formation (Banque mondiale 2010). La Banque mondiale finance un projet analogue au Rwanda pour apporter des services similaires à 2 700 adolescentes (Banque mondiale 2011).

Troisièmement, les programmes de développement de la main-d'œuvre témoignent des difficultés d'accès au financement que rencontrent les jeunes désireux de lancer leur propre entreprise. Rappelons que le caractère informel du marché de l'emploi pousse de nombreux jeunes vers le travail indépendant. De ce fait, on trouve en Afrique subsaharienne de très nombreux dispositifs qui associent les formations à la gestion d'entreprise à l'accès au financement. L'accès au microfinancement, conjugué à une formation et à des services de gestion d'entreprise, peut faire toute la différence dans la vie de ces jeunes. Néanmoins, le microfinancement est généralement difficile d'accès en raison de restrictions d'ordre juridique et du fait que les institutions de financement considèrent majoritairement les jeunes comme un groupe à risque. Une étude de l'USAID a répertorié en Ouganda huit établissements de microfinancement offrant des services aux jeunes (le secteur ougandais du microfinancement est l'un des plus développés d'Afrique subsaharienne), mais a aussi constaté que moins de 10 % des jeunes de 15 à 24 ans qui démarrent une entreprise ont recours à leurs services. Pour les jeunes hommes, les principales sources de financement sont leur rémunération (environ 20 %) et les petites associations d'épargne et de crédit (environ 14 %), suivies par les parents et le vol. Chez les filles, les parents (environ 14 % et les associations d'épargnes et de crédit (environ 17 %) sont les voies d'accès les plus faciles au financement, suivies par leurs propres économies, leurs petits copains et même la prostitution (USAID 2006). Les programmes de microfinancement cherchent souvent à surmonter les obstacles juridiques et financiers que rencontrent les jeunes. Au Kenya par exemple, un programme de microfinancement, intitulé Valoriser et redéployer les jeunes, offrait à des groupes de jeunes femmes une combinaison de formation (financière, pratique et sanitaire), de mentorat et de subventions à la création d'entreprises à condition que ces groupes puissent justifier d'un certain niveau d'épargne ; l'évaluation quasi expérimentale de ce programme a montré que les participantes gagnaient mieux leur vie (20 % de plus que celles du groupe de contrôle), économisaient davantage (en doublant leurs économies par rapport à leur niveau initial, pour une épargne finale supérieure de 50 % à celle du groupe de contrôle) et étaient davantage susceptibles de confier leurs économies à une banque plutôt que de les garder chez elles (Erulkar et Chong 2005). Elles avaient aussi plus tendance à refuser les rapports sexuels ou à utiliser des préservatifs. Les taux d'abandon étaient toutefois élevés, notamment chez les plus jeunes, surtout quand l'accès au crédit était retardé par des problèmes de mise en œuvre. Citons d'autres actions menées dans la région : Street Kids International, une ONG qui offre un soutien à la création d'entreprise aux enfants marginalisés et compte des projets en Éthiopie (2 500 participants environ durant les cinq premières années) et en Sierra Leone (avec un objectif d'environ 3 500 jeunes sur trois ans) ; et le fonds fiduciaire de capital-risque du Ghana, créé en 2004, qui fournit des crédits à faible coût aux entreprises et aux start-ups par l'intermédiaire d'institutions exonérées d'impôt[9].

Notes

1. Bien évidemment, ce n'est pas la seule manière de poser la problématique des jeunes NSD au secondaire. À titre d'exemple, Lewin (2007) propose la notion de « zones d'exclusion » qui sont définies en fonction du degré d'accès des enfants à l'école. Cette approche est utile pour classer les pays en différents groupes sur la base du degré d'absence ou de présence des différents types de zones d'exclusion dans un pays. Ce type d'approche est également utile pour apprécier les besoins de ressources dans les différentes catégories de pays.
2. Bénin, Burkina Faso, Cap-Vert, Gambie, Ghana, Guinée, Libéria, Mali, Mauritanie, Nigéria, Sénégal, Sierra Leone et Togo.
3. Pour plus d'informations, voir : http://agsp.worlded.org/. Ce programme relève de l'Initiative pour l'apprentissage en Afrique, qui fournit des bourses d'études aux enfants et aux jeunes, dispense une formation préalable et en cours d'emploi aux enseignants, distribue des manuels scolaires et d'autres supports pédagogiques et s'attache à développer l'accompagnement parental.
4. Les résultats peuvent présenter des variations considérables selon l'objectif poursuivi. Une étude réalisée au Malawi a par exemple montré qu'en ciblant les ménages qui comptent des enfants, on augmente le taux de scolarisation de cinq points de pourcentage chez les 6–17 ans, à la différence des ménages comptant des orphelins où l'amélioration est de 4,2 points de pourcentage (Handa et Stewart 2008).
5. Un examen des transferts conditionnels de fonds est disponible dans Fiszbein et Schady (2009). L'un des premiers dispositifs de ce type à faire l'objet d'un examen rigoureux est le programme *Oportunidades* (précédemment *Progresa*) du Mexique qui a remplacé une subvention alimentaire généraliste par des transferts ciblés et conditionnels d'espèces. Selon les évaluations, les progrès les plus sensibles en termes de scolarisation concernaient les étudiants du secondaire, avec un accroissement des taux de scolarisation de 10 % pour les garçons et de 20 % pour les filles (Schultz 2000) et un recul des abandons au profit du travail (Skoufias et Parker 2001).
6. Pour de plus amples informations, voir : http://www.unesco.org/uil/litbase/?menu=9&targetgroup=6&programme=102.

7. Voir par exemple Bennell et al. (1999) qui ont examiné les systèmes d'apprentissage en Tanzanie et au Zimbabwe, ainsi que Walher (2008) qui a répertorié les différents systèmes en place au Bénin, au Mali, au Sénégal et au Togo.
8. Ce sont les pays suivants : Afrique du Sud, Bénin, Burkina Faso, Botswana, Côte d'Ivoire, Gambie, Kenya, Malawi, Mali, Maurice, Namibie, Nigéria, République démocratique du Congo, Sénégal, Tanzanie, Togo et Zimbabwe.
9. Pour plus de détails, voir : http://venturecapitalghana.com.gh.

Bibliographie

Acholi Education Initiative. 2013. "Special Scholarship for War Affected Youths" (accessed January 12, 2013), http://www.aei.org.ug/index.php?option=com_content&view=article&id=69&Itemid=116.

Adato, Michelle, and John Hoddinott. 2008. "Lessons from Cash Transfers in Africa and Elsewhere: Impacts on Vulnerability, Human Capital Development and Food Security." Presentation for "Investing in Social Protection in Africa: Regional Inter Governmental Experts Meeting," Cairo, May 13–14.

Aggarwal, Ashwani, Christine Hofmann, and Alexander Phiri. 2010. *A Study on Informal Apprenticeship in Malawi*. Geneva: International Labour Organization.

Akresh, Richard, Damien de Walque, and Harounan Kazianga. 2013. "Cash Transfers and Child Schooling: Evidence from a Randomized Evaluation of the Role of Conditionality." Impact Evaluation Series 82, World Bank, Washington, DC.

Andrews, Colin, and Adea Kryeziu. 2012. "Public Works and the Jobs Agenda: Pathways for Social Cohesion?" Background paper for the *World Development Report 2013*, World Bank, Washington, DC.

Aryeetey, Ernest, and Evelyn Kwak. 2006. "National Functional Literacy Programme, Ghana." U.K. Department for International Development Inter-Regional Inequality Facility Policy Brief 9, Department for International Development, London.

Asankha, Pallegedara, and Yamano Takashi. 2011. "Impacts of Universal Secondary Education Policy on Secondary School Enrollments in Uganda." Unpublished manuscript, National Graduate Institute for Policy Studies (GRIPS), Tokyo.

Ball, Katrina, and Stephen Lamb. 2001. *Participation and Achievement in VET of Non-Completers of School*. Research Report 20, Longitudinal Surveys of Australian Youth (LSAY), Australian Council for Educational Research, Camberwell, Victoria.

Bantwata Initiative. 2012. Zimbabwe (accessed December 2, 2012). http://bantwana.org/where-we-work/zimbabwe.

Bell, Kate. 2008. "Case Study: St. Monica's Girls' Tailoring Center." Paper by the Center for Global Engagement, Northwestern University, Evanston, IL.

Bennell, Paul, Shane Bendera, Godfrey Kanyenze, Emrode Kimambo, Sixtus Kiwia, Tichafa Mbiriyakura, Faustin Mukyanuzi, N. Munetsi, Jo Muzulu, Willy Parsalaw, and John Temu. 1999. "Vocational Education and Training in Tanzania and Zimbabwe in the Context of Economic Reform." Education Research Paper 28, Department for International Development, London.

Berliner, Beth Ann, Vanessa X. Barrat, Anthony B. Fong, and Paul B. Shirk. 2008. *Reenrollment of High School Dropouts in a Large, Urban School*. Issues & Answers Report, REL 2008 056, U.S. Department of Education, Institute of Education Sciences, National Center for Education Evaluation and Regional Assistance, Regional Educational Laboratory West, Washington, DC.

Betcherman, Gordon, Karina Olivas, and Amit Dar. 2004. "Impacts of Active Labor Market Programs: New Evidence from Evaluations with Particular Attention to Developing and Transition Countries." Social Protection Discussion Paper Series 402, World Bank, Washington, DC.

Biavaschi, Costanza, Werner Eichhorst, Corrado Giulietti, Michael J. Kendzia, Alexander Muravyev, Janneke Pieters, Nuría Rodríguez-Planas, Ricarda Schmidl, and Klaus F. Zimmermann. 2012. "Youth Unemployment and Vocational Training." Background paper for the *World Development Report 2013*, World Bank, Washington, DC.

Blattman, Christopher, Nathan Fiala, and Sebastian Martinez. 2009. "Northern Uganda Social Action Fund Youth Opportunities Program." Impact Evaluation Baseline Report, World Bank, Washington, DC.

———. 2011. "Can Employment Programs Reduce Poverty and Social Instability? Experimental Evidence from a Ugandan Aid Program." World Bank, Washington, DC.

Brewer, Laura. 2004. "Youth at Risk: The Role of Skills Development in Facilitating the Transition to Work." ILO Skills Working Paper 19, International Labour Organization, Geneva.

Bruneforth, Michael, and Peter Wallet. 2010. "Out-of-School Adolescents." UNESCO Institute for Statistics, Montreal, Canada.

Cho, Yoonyoung. 2010. "Impact Evaluation—TVST OVAY." Presentation for the SIEF Working Camp, April 15.

Coffin, Chelsea. 2013. "Secondary Education in Africa: Diagnostic Note." Background paper prepared for the World Bank program on Secondary Education in Africa (SEIA).

de Brauw, Alan, and John Hoddinott. 2008. "Must Conditional Cash Transfer Programs Be Conditioned to Be Effective?" IFPRI Discussion Paper 00757, International Food Policy Research Institute, Washington, DC.

Dennis, Carolyne, and Alicia Fentiman. 2007. "Alternative Basic Education in African Countries Emerging from Conflict: Issues of Policy, Co-ordination and Access." U.K. Department for International Development Researching the Issues 67, Department for International Development, London.

Erulkar, Annabel S., and Erica Chong. 2005. "Evaluation of a Savings and Micro-Credit Program for Vulnerable Young Women in Nairobi." Population Council, Nairobi.

Fiszbein, Ariel, and Norbert Schady. 2009. *Conditional Cash Transfers: Reducing Present and Future Poverty*. World Bank Policy Report. Washington, DC: World Bank.

Garcia, Marito, and Jean Fares. 2008. "Working in Bad Jobs or Not Working at All." In *Youth in Africa's Labor Market*, edited by Marito Garcia and Jean Fares. Washington, DC: World Bank.

Garcia, Marito, and Charity M. T. Moore. 2012. *The Cash Dividend: The Rise of Cash Transfer Programs in Sub-Saharan Africa*. Directions in Development. Washington, DC: World Bank.

German Technical Cooperation. 2009. "Urban Conflict Management Peace and Development Project." Program Brochure, Pretoria, South Africa.

———. 2010. "Non-Formal Education and Training." Project Report.

Guarcello, Lorenzo, Marco Manacorda, Furio Rosati, Jean Fares, Scott Lyon, and Cristina Valdivia. 2008. "School-to-Work Transitions: Regional Overview." In *Youth in Africa's Labor Market*, edited by Marito Garcia and Jean Fares. Washington, DC: World Bank.

Gyampo, Ransford. 2012. "Youth Participation in Youth Programmes: The Case of Ghana's National Youth Employment Programme." *Journal of Pan African Studies* 5 (5): 13–28.

Haftendorn, Klaus, and Carmela Salzano. 2004. "Facilitating Youth Entrepreneurship, Part II—A Directory of Awareness and Promotion Programmes in Formal and Non-Formal Education." ILO SEED Working Paper 59, International Labour Organization, Geneva.

Hamory Hicks, Joan, Michael Kremer, Isaac Mbiti, and Edward Miguel. 2011. "Vocational Education Voucher Delivery and Labor Market Returns: A Randomized Evaluation among Kenyan Youth." Report for Spanish Impact Evaluation Fund (SIEF) Phase II, World Bank, Washington, DC.

Handa, Sudhanshu, and Scott Stewart. 2008. "The Orphan Targeting Dilemma in Eastern and Southern Africa." In *Poverty in Focus: Cash Transfers—Lessons from Africa and Latin America*, edited by Degol Hailu and Fábio Veras Soares. Brasilia: International Poverty Centre.

Hansen, Art Nenon, Joy Wolf, and Marc Sommers. 2002. *Final Evaluation of the Office of Transition Initiatives' Program in Sierra Leone*. Final Report, USAID, Washington, DC.

Hedger, Edward, Tim Williamson, Tom Muzoora, and Justina Stroh. 2010. *Sector Budget Support in Practice—Case Study: Education Sector in Uganda*. Final Draft Report, Overseas Development Institute, London.

Helgesson, Linda. 2001. *(E)Quality: Girls' and Boys' Basic Education in Masasi and Kisarawe Districts*. Ministry of Education and Culture and UNICEF Tanzania, Dar es Salaam.

Ikiara, Gerrishon K. 2009. *Political Economy of Cash Transfers in Kenya*. Report prepared for the Overseas Development Institute, London.

Ilon, Lynn, and Robinah Kyeyune. 2002. *Cost Evaluation for Complementary Basic Education Programs in Uganda*. Kampala: USAID.

IYF (International Youth Foundation). 2009. "IYF Youth Employability Programs." Presentation at the "Youth-Employability-Opportunity" conference, Nairobi, Kenya, April 16–17.

Johanson, Richard. 2009. "A Review of National Training Funds." SP Discussion Paper 0922, Social Protection and Labor Unit, World Bank, Washington, DC.

Jones, Nicola, William Ahadzie, and Daniel Doh. 2009. "Social Protection and Children: Opportunities and Challenges in Ghana." Overseas Development Institute and UNICEF, London.

Joseph, Jean-Baptiste, and Rakotozafy Harison. 2007. "Higher Education Research to Generate Alternative Educational Models in View of the Inadequacies of the Formal Educational System: Cases Observed in Madagascar." Paper presented at the "Contribution of Higher Education to National Education Systems: Current Challenges for Africa" conference, Accra, Ghana, March 22.

Kajura, Susan. 2012. "Bridging the Gap: Non-Formal Education as a Means to Re-engage Youth." Paper presented at the annual meeting of the 56th Annual Conference of the Comparative and International Education Society, San Juan, Puerto Rico, April 22.

Kavuma, Richard M. 2011. "Free Universal Secondary Education in Uganda Has Yielded Mixed Results." *Poverty Matters Blog, The Guardian*, October 25.

KEPSA (Kenya Private Sector Alliance). 2011. "KYEP Project Achievements." Nairobi.

Lal, Radhika, Steve Miller, Maikel Lieuw-Kie-Song, and Daniel Kostzer. 2010. "Public Works and Employment Programs: Towards a Long-Term Development Approach." Working Paper, International Policy Centre for Inclusive Growth (IPC-IG), Brasilia.

Lamichhane, Shreeram Prasad, and Mana Prasad Wagle. 2008. "Consolidating National Policies on Equivalency towards Accomplishing Universal Primary Education (UPE)." UNESCO Kathmandu Series of Monographs and Working Papers 16, UNESCO, Kathmandu, Nepal.

Lerman, Robert I. 2005. "Helping Out-of-School Youth Attain Labor Market Success: What We Know and How to Learn More." Unpublished report, American University and the Urban Institute, Washington, DC.

Lewin, Keith. 2007. "Improving Access, Equity and Transitions in Education: Creating a Research Agenda." Research Monograph 1, Consortium for Research on Educational Access, Brighton, UK.

Lieuw-Kie-Song, Maikel, and Kate Philip. 2010. *Mitigating a Jobs Crisis: Innovations in Public Employment Programmes.* ILO Employment Report 6, International Labour Organization, Geneva.

Macpherson, Ian. 2007. "Tanzania Non-Formal Education." Country Profile commissioned for the EFA Global Monitoring Report 2008, *Education for All by 2015: Will We Make It?* UNESCO, Geneva.

Manda, Stella. 2011. *Evaluation of the Accelerated Learning Programme (ALP) in Liberia.* UNICEF.

Martin, Angela, and Patrick Wingate. 2001. "Impact Evaluation: Youth Reintegration Training and Education for Peace (YRTEP) Program." Prepared for the U.S. Agency for International Development Office of Transition Initiatives, U.S. Agency for International Development, Washington, DC.

Midling, Michael, Louise Filion, Emmanuel M. David-Gnahoui, Mbarou Gassama-Mbaye, Amadou Tidjane Diallo, and Abdoul Karim Diallo. 2006. *Program Evaluation for USAID/Guinea Basic Education Program Portfolio.* Final Report under Contract EDH-I-00-03-00002-00, U.S. Agency for International Development, Washington, DC.

Miller, Candace. 2009. "Economic Impact Report of the Mchinji Social Cash Transfer Pilot." Draft Report prepared for the Government of Malawi and USAID, Center for Global Health and Development (CGHD), Boston University.

Monk, Courtney, Justin Sandefur, and Francis Teal. 2008. "Does Doing an Apprenticeship Pay Off? Evidence from Ghana." CSAE Working Paper Series 2008–08, Centre for the Study of African Economies, University of Oxford, Oxford, UK.

Naidoo, Tony, and Sherine van Wyk. 2008. "Community Projects: Stellenbosch USIKO Youth Project." Stellenbosch University, South Africa.

Nicholson, Sue. 2006. "Accelerated Learning in Post-Conflict Settings." Discussion Paper, Inter-Agency Network for Education in Emergencies (INEE), New York.

Nübler, Irmgard, Christine Hofmann, and Clemens Greiner. 2010. "Understanding Informal Apprenticeship: Findings from Empirical Research in Tanzania." ILO Employment Sector Employment Working Paper 32, International Labour Organization, Geneva.

Nyamugasira, Warren, Aanyu Dorothy-Angura, and Clinton Robinson. 2005. *Report of the Final Evaluation of "Literacy and Continuing Education in Uganda 2000–2005" and "Family Basic Education Uganda" 2003–05 Programmes.* Prepared for Education Action International and Literacy and Adult Education (LABE), Uganda.

Oreopoulos, Philip, Marianne E. Page, and Ann Huff Stevens. 2006. "The Intergenerational Effects of Compulsory Schooling." *Journal of Labor Economics* 24 (4): 729–60.

Palmer, Robert. 2007. "Skills Development, the Enabling Environment and Informal Micro-Enterprise in Ghana." Dissertation, University of Edinburgh.

Pereznieto, Paola. 2009. "Social Protection to Tackle Child Poverty in Mali." Project Briefing 25, Overseas Development Institute, London.

Rother, Friederike. 2006. "Interventions to Support Young Workers in Sub Saharan Africa: Regional Report for the Youth Employment Inventory." World Bank, Washington, DC.

Rotheram-Borus, Mary Jane, Marguerita Lightfoot, Rogers Kasirye, and Katherine Desmond. 2011. "Vocational Training with HIV Prevention for Ugandan Youth." *AIDS and Behavior* 16 (5): 1133–37.

Sandhaas, Bernd. 2005. "Poverty Reduction and Capacity Building through Livelihood Skill Training at CSTCs and VTCs—The EXPRO in Ethiopia." DVV International, Addis Ababa, Ethiopia.

Schubert, Bernd. 2005. "The Pilot Social Cash Transfer Scheme, Kaloma District—Zambia." Chronic Poverty Research Centre (CPRC) Working Paper 52. Chronic Poverty Advisory Network, London.

———. 2007. *Piloting the Scale Up of the Malawi Social Cash Transfer Scheme.* Report on a Consultancy Financed by UNICEF Lilongwe, Malawi.

Schultz, T. Paul. 2000. *The Impact of Progresa on School Enrollments.* Washington, DC: International Food Policy Research Institute.

Schüring, Esther, Matthias Rompel, and Michelo Stanfield. 2009. "Experiences with Social Cash Transfers as a Tool to Mitigate the Impact of AIDS in Rural Families in Zambia." GTZ, on behalf of the Federal Ministry for Economic Cooperation and Development, Kiel, Germany.

Skoufias, Emmanuel, and Susan W. Parker. 2001. "Conditional Cash Transfers and Their Impact on Child Work and Schooling: Evidence from the *Progresa* Program in Mexico." Discussion Paper 123, Food Consumption and Nutrition Division, International Food Policy Research Institute (IFPRI), Washington, DC.

Thompson, Ekundayo J. D. 2001. "Successful Experiences in Non-Formal Education and Alternative Approaches to Basic Education in Africa." Discussion paper presented at the 2001 Biennial Conference of the Association for the Development of Education in Africa (ADEA), Arusha, Tanzania.

UNESCO (United Nations Educational, Scientific, and Cultural Organization). 2006. *Non-Formal Education and Livelihood Skills for Marginalized Street and Slum Youth in Uganda.* Uganda Youth Development Link, Project Report, Kampala.

———. 2009. *Support for the Quality and Equity of Education.* Paris: UNESCO.

UNICEF (United Nations Children's Fund). 2008. "Trauma to Triumph: Restoring Hope in Post-Conflict Communities." UNICEF.

———. 2009. "Child Poverty: A Role for Cash Transfers in West and Central Africa?" Briefing paper, UNICEF.

USAID (U.S. Agency for International Development). 2006. *Microfinance, Youth and Conflict: Central Uganda Case Study.* Washington, DC.

van Wyk, Sherine, and Tony Naidoo. 2009. "The Jamestown/USIKO Girls Mentoring Programme." Stellenbosch University Stellenbosch, South Africa.

Walher, Richard. 2008. "Towards a Renewal of Apprenticeship in West Africa: Enhancing the Professional Integration of Young People." Agence Française de Développement, Paris.

Wayman, Jeffrey C. 2001. "Factors Influencing GED and Diploma Attainment of High School Dropouts." *Education Policy Analysis Archives* 95 (14).

World Bank. 1997. *Burundi—Agricultural Services Sector Project, Volume 1, Implementation Completion Report.* Report 16843, World Bank, Washington, DC.

———. 1999. Implementation Completion Report: Agricultural Services Development Project. Report No. 19556. World Bank, Washington, DC.

———. 2008. "Transitions in Secondary Education in Sub-Saharan Africa Equity and Efficiency Issues." Working Paper 125, World Bank, Washington, DC.

———. 2010. "Empowering Girls and Young Women in Liberia: Adolescent Girls Initiative." Project Brief, World Bank, Washington, DC.

———. 2011. *Promoting Economic Empowerment of Adolescent Girls and Young Women, Project Appraisal Document.* Report AB6460, World Bank, Washington, DC.

CHAPITRE 5

En quoi les politiques d'intervention peuvent-elles améliorer la situation des jeunes non scolarisés et déscolarisés d'Afrique subsaharienne ?

Introduction

Plus de la moitié des jeunes d'Afrique subsaharienne ne vont pas à l'école et leur place sur le marché de l'emploi est des plus limitées. Ces deux faits n'inspirent guère d'optimisme pour l'avenir : compte tenu de la proportion croissante de jeunes sans emploi formel, les pays d'Afrique subsaharienne doivent s'attendre à une persistance de la stagnation économique, à une croissance apathique des recettes publiques et à une augmentation des dépenses hautement nécessaires. Par ailleurs, l'économie des pays d'Afrique subsaharienne étant majoritairement informelle, les marchés du travail restent insuffisamment développés, tandis que l'accès à certains emplois est limité, autant de facteurs qui n'incitent pas à suivre et achever des études secondaires. Le problème est plus marqué dans certains pays que dans d'autres. Au Ghana, au Kenya, au Libéria, au Nigéria, en Ouganda et au Swaziland, les proportions de jeunes NSD sont assez faibles et la plupart des 12-24 ans ont fréquenté l'école dans une mesure où une autre (seulement 12 % des jeunes de ce groupe n'ont jamais été scolarisés, soit moitié moins que la moyenne régionale). En revanche, plus des deux tiers des jeunes de 12 à 24 ans ne sont pas scolarisés au Burkina Faso, en Côte d'Ivoire, à Madagascar, au Mali, au Niger, au Rwanda, au Tchad et au Zimbabwe (au Burkina Faso et au Niger, la proportion est proche de 90 %). Au Burkina Faso, au Mali, au Niger et au Tchad, plus de la moitié des jeunes n'ont jamais suivi un quelconque enseignement.

Les décisions en matière de scolarisation et les choix entre études et travail sont fortement corrélés avec les caractéristiques des ménages, le sexe, le lieu géographique et la difficulté d'accès à l'école, même si certains facteurs prédominent. Le présent rapport présente six constats majeurs au sujet des jeunes NSD :

1. 1.Pour la plupart, les jeunes abandonnent avant même d'entrer au secondaire et, dans les pays ayant une forte population de jeunes NSD, une part encore plus importante d'enfants n'ont jamais mis les pieds à l'école. Le problème est

généralisé dans les pays à faible revenu, les pays francophones (qui sont souvent des pays à faible revenu) et les États fragiles ou touchés par un conflit.
2. La précocité du mariage a des effets préjudiciables sur les chances d'éducation des jeunes filles, qui sont déjà moindres que celles des jeunes hommes. L'attitude et les attentes des familles influent sur la scolarité des filles plusieurs années avant leur mariage. Si l'on compare les résultats scolaires des plus grands, on constate qu'une fois mariées, les filles sont bien moins loties que les garçons de même âge d'un bout à l'autre de leur scolarité : 1:5 d'achever leur scolarité primaire et 3:5 de passer au secondaire.
3. Il est plus fréquent de voir des enfants qui ne sont jamais allé à l'école ou sont déscolarisés dans les zones rurales que dans les villes. Dans la région, sept jeunes ruraux sur dix n'ont jamais fréquenté l'école. Les disparités sont également importantes en ce qui concerne le choix entre travail et études : les jeunes des villes se consacrent plus exclusivement à leurs études, plutôt que d'associer école et travail, et sont moins susceptibles que ceux des campagnes de se cantonner au travail ou de contribuer aux tâches domestiques.
4. Les attitudes parentales à l'égard de l'éducation sont le premier facteur déterminant des choix de scolarité : l'analyse confirme l'existence d'une « transmission » en ce sens que scolarité et qualité de vie sont corrélées d'une génération à l'autre. Quand les parents ont mené à terme leurs études secondaires ou obtenu des diplômes de troisième cycle, ils sont bien plus susceptibles de maintenir leurs enfants au secondaire et de les inciter à achever ce cycle.
5. Après prise en compte des attitudes parentales à l'égard de l'éducation, la capacité de gain du ménage (et non son niveau de revenu) est le facteur prépondérant, tant pour les choix en matière de scolarité que pour la décision de privilégier l'étude ou le travail. L'impact du revenu des ménages reste important, et il est d'autant plus ressenti dans les pays ayant des résultats d'éducation médiocres, comme les pays francophones et les pays à faible revenu où le niveau de revenu commence à jouer un rôle dès lors que les familles parviennent à un revenu intermédiaire.
6. Le manque d'instruction et la médiocrité de l'enseignement scolaire amplifient l'effet des problèmes liés à la demande sur les choix de scolarité. L'accès à l'école pose plus particulièrement problème dans les communautés rurales pauvres où des facteurs, tels que la distance, les conditions d'entrée et les examens en fin de cycle peuvent être rédhibitoires. Les jeunes fondent également leurs décisions sur la qualité de l'enseignement, surtout à mesure qu'ils grandissent. La médiocrité de l'enseignement et l'absence de motivation sont des facteurs déterminants qui pèsent sur l'avancement et les progrès des élèves.

Globalement, les jeunes issus de ménages pauvres, où peu d'adultes travaillent et dont les parents n'ont pas d'instruction ou sont peu impliqués dans la scolarité et d'autres aspects de l'existence de leurs enfants ont moins de chances d'achever le cycle primaire ou de s'inscrire au secondaire. Par ailleurs, l'influence parentale sur la scolarisation s'estompe avec l'âge. L'effet du degré d'instruction parentale est moins ressenti à la transition entre le premier et le deuxième cycle du secondaire, où prédominent des choix sociétaux, tels que la précocité du mariage, la parentalité et d'autres facteurs comme le VIH/SIDA.

Les pays qui comptent une forte proportion de jeunes NSD partagent des caractéristiques socioéconomiques et démographiques communes. Les pays à faible revenu ont les plus forts pourcentages de jeunes NSD de 12-24 ans (70 %), de même que les pays francophones. Parmi les 10 pays qui ont la plus faible proportion de jeunes NSD, la moitié appartient à la catégorie de revenu intermédiaire de la tranche inférieure (avec un ratio de 27 % dans la région) et nombre d'entre eux sont des pays anglophones. Dans les pays qui ont des taux de croissance démographique relativement faibles, consacrent une part importante de leur PIB à l'éducation, où le marché de l'emploi formel est bien développé et où une forte proportion d'adultes est alphabétisée, le problème de la jeunesse NSD est moins aigu. L'analyse des données sur les ménages montre également que certains facteurs d'attraction (liés aux caractéristiques des ménages) peuvent être généralisés à l'ensemble des pays ayant un niveau de revenu similaire (qui sont corrélés dans une certaine mesure à leur histoire coloniale). Ainsi, le revenu du ménage a une importance moindre dans les pays à faible revenu où l'offre scolaire est déjà limitée, mais joue davantage dans les pays anglophones (qui sont plutôt des pays à revenu intermédiaire de la tranche inférieure ayant un meilleur accès à l'éducation).

Il n'y a pas de solution stratégique simple au problème de l'abandon scolaire, pas plus qu'à la difficulté d'inciter les jeunes à reprendre leurs études. Même lorsqu'on connaît les causes fondamentales de leur abandon, il est notoirement difficile de concevoir des programmes pour les maintenir à l'école ou les acheminer vers d'autres filières d'enseignement. En termes de demande, les facteurs qui semblent influer le plus sur les décisions d'éducation (tels que pauvreté, manque d'instruction parental et incapacité des parents à trouver du travail) témoignent d'autres problèmes sociaux, et ne peuvent donc pas être résolus au moyen de mesures isolées d'appui aux jeunes NSD. Comme le travail des adolescents est mieux rémunéré, le coût d'opportunité de la scolarisation augmente. Les attentes dont les jeunes font l'objet ne sont pas toujours compatibles avec la poursuite de leur scolarité : ils sont censés venir en aide à leur famille et, si nécessaire, quitter l'école temporairement ou définitivement pour trouver du travail. Les jeunes filles sont supposées se marier ou assumer le gros des tâches domestiques. Enfin, il est difficile de faire évoluer les positions des chefs de ménage comme des jeunes à l'égard de l'éducation.

Du côté de l'offre, l'enseignement secondaire est coûteux, tandis que les programmes d'éducation extrascolaire et de formation professionnelle se heurtent à la rude concurrence du secteur formel de l'éducation et d'autres initiatives stratégiques — comme les programmes de protection ou de soutien social — pour l'obtention de crédits publics et de financements extérieurs. Vu la croissance rapide des populations jeunes d'Afrique subsaharienne, le problème ira en s'aggravant. Les pays ont aussi bien du mal à mettre en place des programmes informels d'enseignement extrascolaire, car en l'absence de liens étroits avec le système éducatif formel, ces programmes n'ont guère de chances d'aboutir. Enfin, il est bien plus difficile de mobiliser des ressources pour l'enseignement secondaire. Par exemple, il est plus difficile d'assurer la coordination des donateurs, comme on l'a constaté dans le cadre d'initiatives visant à généraliser l'enseignement primaire, parce qu'il faut pouvoir s'appuyer sur de solides administrations centrales capables de coordonner les financements extérieurs non liés.

Les six grands traits caractéristiques des jeunes NSD, tels que mis en évidence par l'analyse des déterminants, et les trois points d'entrée sur lesquels s'articulent

Figure 5.1 Interaction entre les facteurs clés et les points d'entrée

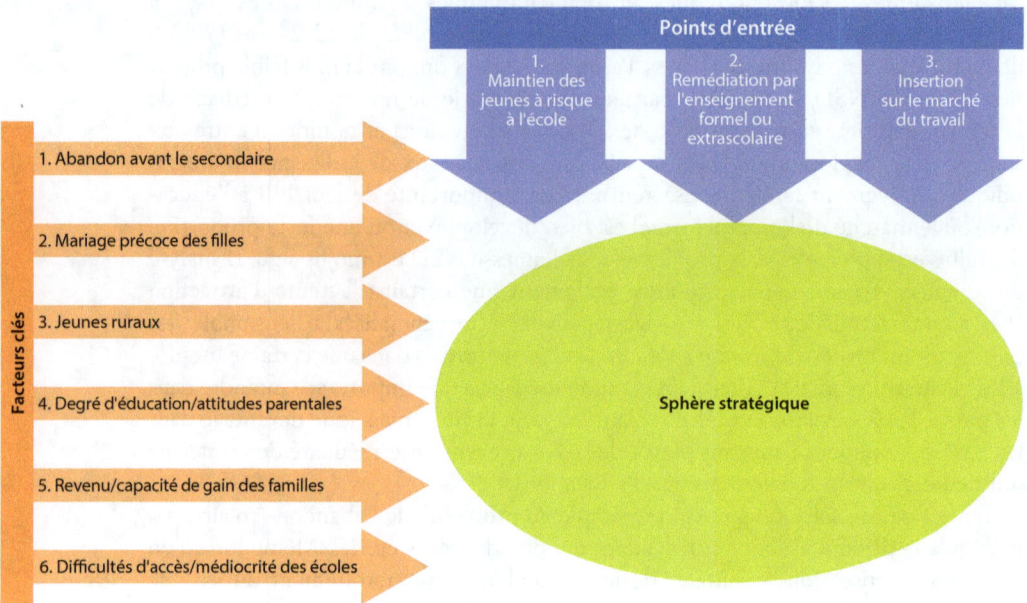

les mesures actuellement en vigueur dans la région doivent encadrer les discussions stratégiques sur la jeunesse NSD (figure 5.1). Ce cadre permet de formuler des recommandations sur les trajectoires d'action qu'il semble falloir privilégier pour différents sous-groupes et dans différentes typologies de pays globalement confrontés aux mêmes problèmes d'offre. Il peut aussi servir de trame à l'examen des mesures à court terme qu'il faudra peut-être introduire pour préparer les jeunes au travail, et à la conception de stratégies à plus long terme destinées à favoriser la scolarisation des jeunes et à réduire les taux d'abandon. Ces recommandations n'ont rien de prescriptif, et doivent plutôt être vues comme un récapitulatif des conclusions de l'analyse régionale, souplement adaptées aux différentes interventions examinées dans le présent rapport.

Pour venir en aide aux étudiants démunis, mais désireux de poursuivre leurs études, les pays pourraient s'efforcer de lever les obstacles financiers au moyen de subventions ou d'incitations en espèces. Ces mesures pourraient gagner en efficacité si elles étaient offertes à tous les ménages jusqu'aux familles à revenu intermédiaire, en particulier dans les pays à faible revenu et dans les pays francophones. Les transferts de fonds, assortis ou non de conditions contraignantes, sont le moyen le plus simple d'assurer la stabilité financière des ménages. Les programmes de transferts de fonds se sont instantanément traduits par une amélioration notable de la scolarisation. Selon notre analyse, les allocations en espèces ne font pas grande différence sur la scolarisation des jeunes issus des familles les plus pauvres, peut-être en raison d'un manque d'écoles dans les environs. Les transferts sans condition sont donc plus efficaces dans les familles à revenu intermédiaire que dans les foyers les plus pauvres, surtout dans les pays où l'offre d'éducation est très limitée. D'un point de vue politique, il pourrait s'avérer délicat d'en faire bénéficier des familles un peu plus aisées (en raison des conflits potentiels avec d'autres mesures d'éducation et de protection sociale), mais les subventions générales à l'éducation, sous forme de réduction des frais de scolarité, pourraient faire toute la différence[1].

Ainsi, le versement d'allocations familiales couvrant les frais de scolarité des écoles privées pourrait bien être le moyen le plus simple et le plus rentable de développer l'enseignement secondaire en Afrique subsaharienne. Les bons d'inscription dans les établissements secondaires privés seraient une stratégie des plus efficaces dans les pays où il n'y a pas assez d'écoles publiques. Diverses expériences menées en Afrique subsaharienne montrent que le récent développement de l'éducation secondaire tient en grande partie à l'expansion des établissements privés. En Guinée par exemple, où le taux de scolarisation secondaire a augmenté de plus de 400 % entre 1997 et 2012, il existe aujourd'hui plus d'écoles privées que publiques (alors qu'il n'en existait quasiment pas en 1997). En outre, divers éléments témoignent du bon rapport coût-efficacité de l'enseignement privé dans ce pays (Banque mondiale 2014). Une comparaison des dépenses des ménages pour les frais de scolarité dans le privé et des coûts de l'enseignement public par élève indique des coûts unitaires comparables, même si l'on tient compte d'autres dépenses directes comme l'achat des uniformes, les frais de transport ou les cours particuliers. Les écoles privées ne seraient donc pas plus coûteuses dès lors que les frais de scolarité peuvent être acquittés ; l'offre de bons d'éducation privée permettrait donc aux familles pauvres de bénéficier de ces écoles sans accroître les dépenses publiques par élève qu'il faudrait engager pour augmenter le nombre d'écoles.

Les transferts d'espèces sans condition pourraient ne pas être aussi efficaces dans les ménages les plus pauvres où les parents invoquent moins des problèmes de coûts que des attentes à l'égard des jeunes, par exemple le mariage. En outre, l'absence d'écoles, publiques ou privées, limiterait l'utilité de ces fonds pour les familles vivant dans les zones rurales ou touchées par des conflits. Pour ce groupe d'élèves, des interventions peu coûteuses destinées à améliorer la qualité de l'enseignement, les infrastructures et le soutien scolaire pourraient atténuer les problèmes de qualité et de disponibilité des écoles. Les ménages indiquent que la qualité de l'enseignement pèse beaucoup dans les décisions des grands, tandis que chez les plus jeunes qui fréquentent encore les petites classes, on pourrait limiter les taux d'abandon en suscitant l'intérêt des enseignants et en offrant des cours de rattrapage. Les jeunes bien encadrés par leurs enseignants sont davantage motivés à poursuivre, tandis que les enseignants qui attendent peu de leurs classes ou se désintéressent des élèves en difficulté contribuent à leur abandon. La formation des enseignants en milieu communautaire et les programmes destinés à impliquer les parents dans la gestion des écoles — comme au Mali et en Ouganda — peuvent favoriser une prise de conscience chez les enseignants. En Érythrée, le programme d'éducation des filles offre des cours de soutien qui ont permis d'améliorer les taux de passage en classe supérieure.

Les programmes dits de la « seconde chance » peuvent servir de passerelle aux jeunes exclus du système au primaire. Selon les estimations, 33 % des jeunes de la région n'atteignent jamais le secondaire ; les proportions sont particulièrement élevées dans les pays francophones (57 %), les États fragiles et ceux qui ont été ravagés par des conflits (48 %). D'après l'expérience acquise dans la région, les programmes de la seconde chance donnent parfois des résultats rapides et encouragent les jeunes à poursuivre leur éducation formelle au secondaire. Ceux qui n'ont jamais fréquenté l'école peuvent être facilement persuadés de le faire s'ils tombent sur le bon programme. Les programmes de la seconde chance mis en œuvre à Madagascar, en Ouganda et au Zimbabwe ont donné d'excellents résultats grâce à un enseignement allégé. Les pays à faible revenu, les pays francophones et les pays qui ont connu des conflits, où les taux d'abandon sont particulièrement élevés, ont désespérément besoin de cette seconde chance.

Enrayer le problème de la déscolarisation suppose obligatoirement d'éliminer les obstacles à l'entrée dans le secondaire. Même pour les élèves qui achèvent le cycle primaire, l'inscription au secondaire peut être problématique faute d'écoles de qualité. Les pays où l'enseignement secondaire est obligatoire ont vu les taux d'inscription grimper en flèche, dans la plupart des cas au détriment de la qualité. Une mesure intermédiaire pourrait être de prolonger le cycle primaire de quelques années, ce qui contribuerait à contrer la détérioration de la qualité, tout en limitant le nombre d'abandons. Les pays pourraient alors tirer le plein parti des infrastructures physiques et des enseignants du primaire, notamment en zone rurale. Cela permettrait aussi de repousser de quelques années l'arrêt normal et opportun des études, en tablant sur une amélioration des attitudes à l'égard de l'éducation.

À plus long terme, les interventions précoces — notamment les programmes de développement de la petite enfance — pourraient bien être le moyen de prévention le plus rentable et le plus efficace pour réduire la non scolarisation et la déscolarisation. L'analyse indique que l'abandon est fortement corrélé au démarrage tardif de la scolarisation, sans compter que ces inscriptions tardives témoignent par elles-mêmes d'autres problèmes de demande, tels que la pauvreté et le peu d'intérêt pour l'éducation. Il est prouvé que les programmes de développement de la petite enfance réduisent l'incidence ultérieure des abandons, essentiellement parce qu'ils favorisent la scolarisation en temps voulu et qu'ils incitent les parents à privilégier l'éducation plutôt que le travail ou le mariage dans le cas des filles.

Qu'ils aient pour but de maintenir les jeunes à l'école ou de les inciter à y retourner, tous les programmes doivent informer les parents — surtout ceux qui ont de jeunes enfants — et s'appuyer sur leur participation. Le niveau d'éducation parental et l'attitude des parents face à l'éducation sont les facteurs qui influencent le plus la scolarité et le travail des jeunes, surtout aux transitions d'entrée et de sortie du primaire. Des parents qui n'ont guère de débouchés ont tendance à sous-estimer l'importance de l'éducation. L'effet du niveau d'instruction parental sur l'éducation secondaire est particulièrement marqué dans les pays affichant de bons résultats d'éducation, comme les pays à revenu intermédiaire de la tranche inférieure et les pays anglophones, où les parents sont généralement plus nombreux à avoir achevé leurs études secondaires. La Guinée, le Mali et l'Ouganda ont mis en place des systèmes de proximité pour développer l'éducation des parents et exiger leur participation à la gestion des écoles. Ils ont ainsi favorisé l'implication des parents dans la gestion des écoles et leur participation à la vie citoyenne ; amélioré l'assiduité des élèves ; et réduit les taux d'abandon, les violences familiales et les mariages précoces. La participation des parents à la gestion des écoles peut aussi conduire à des améliorations notables, même mineures, apportées aux installations et équipements scolaires. En Guinée par exemple, le programme de participation communautaire pour une éducation équitable et de qualité a fait appel aux parents en vue de petits investissements comme la construction de latrines, ce qui favorise l'inscription des filles à l'école.

Alors que les attitudes parentales jouent un rôle prépondérant dans les transitions précoces, l'avis des étudiants prend davantage d'importance par la suite, notamment pour l'achèvement du cycle secondaire. Ils sont nombreux à abandonner au secondaire parce que l'on attend d'eux qu'ils s'assument et soutiennent leur famille. Par ailleurs, les comportements sexuels à risque sont monnaie courante chez les jeunes de la région qui se retrouvent souvent parents avant l'heure. Enfin, les jeunes ne sont pas toujours conscients des avantages potentiels de l'éducation, car ils n'en ont pas beaucoup d'exemples autour d'eux, que ce soit parce qu'ils vivent à la campagne, dans des bidonvilles ou dans des régions en proie à des conflits. Dans la région, les programmes qui associent l'enseignement de compétences non cognitives et la formation professionnelle ont été d'un grand secours pour les jeunes à risque. En Afrique du Sud par exemple, le programme USIKO recrute des bénévoles de sexe masculin pour encadrer de jeunes hommes, les encourager à poursuivre leurs études et les détourner de comportements dangereux, comme l'adhésion à des gangs. Depuis 2000, plus de 600 jeunes ont suivi ce programme jusqu'au bout et plus de 90 % ont décroché des diplômes secondaires.

En matière de scolarité, les différences de traitement entre les deux sexes résultent elles aussi d'attitudes face à l'éducation. Les programmes en faveur des jeunes filles, surtout mariées, doivent prévoir des incitations économiques pour les garder à l'école et les prémunir contre les conduites à risque. Dans la région tout entière, les filles ont beaucoup moins de chances d'être scolarisées que les garçons, les pires résultats étant ceux des filles dont le mariage est prévu dès le début de leur scolarité et dont la plupart n'ont guère de chances d'intégrer l'école primaire ou d'achever ce cycle. Une fois inscrites au secondaire, les filles ont toutefois de bien meilleurs résultats, notamment si elles sont mariées : la proportion de diplômés de l'enseignement secondaire est trois fois plus élevée chez les filles. Ainsi, tout porte à croire qu'il est extrêmement rentable d'investir dans l'éducation des filles et l'achèvement du cycle primaire. Pour les plus jeunes, la meilleure solution pourrait être d'offrir des subventions ciblées à la condition expresse que les parents ou les filles elles-mêmes changent d'avis face à l'éducation. Pour les plus grandes, il est parfois impossible de poursuivre des études, et des solutions adaptées — enseignement extrascolaire ou développement de la main-d'œuvre — doivent impérativement être rattachées à des possibilités de travail pour satisfaire l'attente générale selon laquelle ces jeunes filles doivent soutenir leur famille.

Les programmes d'éducation extrascolaire des plus grands doivent reconnaître que le travail fait partie intégrante de la vie des jeunes de la région. Ici, les enfants commencent à travailler très précocement, que ce soit à la maison ou ailleurs, avec ou sans rémunération. Ceux des foyers les plus pauvres sont bien plus susceptibles de travailler que d'être scolarisés à temps plein, surtout dans les pays à faible revenu. Les programmes d'éducation extrascolaire qui ont admis que les jeunes sont censés travailler, s'assumer et s'occuper de leur famille ont obtenu de bons résultats. Citons notamment les cours de formation offerts aux enfants soldats et aux autres jeunes victimes de la guerre en Sierra Leone, les cours d'enseignement extrascolaire dispensés aux jeunes NSD des zones de conflit en République du Sud Soudan et le dispositif expérimental mis en place au Kenya au moyen de bons d'accès à la formation technique et professionnelle.

Les problèmes liés au travail sont particulièrement contraignants dans les programmes axés sur les jeunes ruraux. Quel que soit le pays considéré, les ruraux fréquentent moins l'école que les jeunes des villes, et sont plus susceptibles de n'y être jamais allés. Ce constat vaut particulièrement pour les pays à faible revenu et les pays francophones, tels que le Mali, le Burkina Faso et le Sénégal. Le lieu géographique est le facteur qui influe le plus sur l'inscription à l'école et l'achèvement de la scolarité primaire, mais ne fait guère de différence aux transitions ultérieures. Les jeunes ruraux risquent plus de travailler et ont bien moins de chance de fréquenter l'école à temps plein. Même si l'insuffisance des possibilités d'enseignement formel freine la scolarisation des jeunes ruraux, ils gagneraient beaucoup à ce que les programmes qui leur sont destinés reconnaissent comme telles leurs obligations de travail. Des programmes de ce genre ont été mis en œuvre en Éthiopie et au Ghana.

Les programmes de développement de la main-d'œuvre doivent tenir compte du fait que la plupart des jeunes deviendront des travailleurs indépendants ou seront employés dans de petites entreprises informelles. Dans la région, de nombreux jeunes abandonnent parce que leurs chances de trouver du travail ne seront pas meilleures en achevant leurs études intermédiaires ou secondaires. Les emplois formels étant rares, l'enseignement formel a intrinsèquement moins de valeur, et il est fréquent que les parents ne scolarisent pas leurs enfants — comme en témoignent des études réalisées au Ghana, au Kenya, en Ouganda et en Zambie — parce qu'ils sont persuadés que leur éducation n'est pas un gage d'emploi. Les programmes qui ont admis qu'il est difficile de trouver un emploi salarié dans une entreprise formelle ont obtenu quelques résultats, mais la difficulté majeure tient à l'absence de cadre légal définissant les conditions où les institutions financières peuvent prêter aux jeunes. Même lorsqu'ils ont des idées dignes d'être financées, démarrer leur entreprise suppose de ne compter que sur eux-mêmes, sur leurs gains, sur des associations d'épargne et de crédit tournants et sur leurs parents ou encore de se livrer au vol ou à la prostitution.

La diversité de l'offre est importante, même si l'insuffisance des ressources empêche toute expansion des solutions novatrices. L'enseignement secondaire coûte plus que le primaire et la mobilisation de fonds auprès des pouvoirs publics et des donateurs confronte les programmes d'enseignement extrascolaire et de développement de la main-d'œuvre à une intense compétition de la part du secteur de l'enseignement public et d'autres initiatives stratégiques, telles que les programmes de protection et de soutien social. S'attaquer au problème de la jeunesse NSD exige toutefois bien plus que de développer le secteur formel de l'éducation. Dans la région, les pays qui parviennent le mieux à fidéliser les étudiants proposent parallèlement de multiples démarches pour qualifier les jeunes NSD ou les aider à accéder à l'emploi[2]. La nécessaire diversification de l'offre complique considérablement l'allocation et la coordination des ressources au sein des pays et entre les différents donateurs. Il va sans dire que le défi est encore majoré dans les pays à faible revenu : il est en effet bien plus difficile de développer l'enseignement extrascolaire en l'absence d'un solide système d'éducation formelle.

Malgré l'absence de solution simple au manque de ressources, l'examen des programmes en place dans les pays d'Afrique subsaharienne met en évidence deux stratégies qui pourraient contribuer à une utilisation judicieuse des ressources et que la plupart des pays pourraient d'ores et déjà mettre en œuvre. Premièrement, les pays doivent impérativement investir pour développer les capacités des administrations nationales, des collectivités locales et des communautés, et améliorer la coordination entre ces différents niveaux. Les grands programmes — d'enseignement extrascolaire autant que de développement de la main-d'œuvre — connaissent généralement des problèmes de mise en œuvre et de coordination. Ils donnent de meilleurs résultats quand ils offrent de nombreux sites et domaines de formation ; quand les administrations centrales et les collectivités nationales entretiennent des relations nourries ; quand la division du travail est claire et que les programmes sont conçus de façon transparente. L'Ouganda et le Kenya ont tenté d'émuler les programmes *Jovenes* d'Amérique latine avec des résultats encourageants. Deuxièmement, les pays doivent mobiliser une assistance accrue des donateurs en améliorant la coordination. Les ONG et les associations à but non lucratif conduisent une multitude de programmes de développement associant diversement la formation, l'expérience sur le lieu de travail, des services de conseil pratique et un encadrement. Ces programmes ont globalement amélioré l'insertion des jeunes dans la vie active, mais leur efficacité est limitée par leur petite taille et le manque de financement, surtout quand ils sont financés par des bailleurs de fonds et sont dès lors confrontés à des problèmes d'expansion. À ce niveau, la coordination des financements extérieurs est compliquée par la multiplicité des solutions et des stratégies. Les pays de la région pourraient envisager de définir des visées et des objectifs communs autour desquels les donateurs pourraient coordonner leur action.

Notes

1. Dans le secondaire, les frais de scolarité représentent une part bien plus importante des dépenses des ménages — jusqu'à 60 % en Mauritanie et 70 % au Rwanda — et, pour ce qui est des grands adolescents, plus de la moitié des ménages invoque le coût de l'éducation comme principale raison de la non scolarité ou de l'abandon des études. Au Cameroun, au Kenya, au Lesotho, au Malawi, en Ouganda, en Tanzanie et en Zambie, l'élimination des frais de scolarité a fait grimper les taux d'inscription scolaire.
2. C'est au Ghana, au Kenya et en Ouganda que l'on en trouve les meilleurs exemples de la région.

Bibliographie

World Bank. 2014. "Republic of Guinea: Public Expenditure Review in Education." World Bank, Washington, DC.

APPENDICE A

Résumé des programmes examinés

Tableau A.1 Résumé des programmes examinés

Type d'intervention	Programme	Pays	Source de financement	Entité d'exécution	Groupe ciblé	Caractéristiques
Transferts d'espèces	Programme pour les orphelins et les enfants vulnérables	Kenya	Fonds publics et aide internationale au développement	Ministère de l'Éducation	Orphelins et enfants vulnérables	Couvre actuellement quelque 100 000 ménages, soit environ un tiers des ménages admissibles. Sa pleine expansion représenterait près de 1,7 % du budget public et 0,5 % du PIB.
Transferts d'espèces	Dispositif social de transferts de fonds	Zambie	Fonds publics et aide internationale au développement	Ministère de l'Éducation	Ménages « indigents, » sans grands revenus, ayant plus de trois personnes à charge	Selon les premières évaluations d'impact, la moitié des jeunes NSD au début du programme fréquentaient l'école au moment de l'évaluation finale. Son extension à tous les ménages très pauvres du pays représenterait un coût annuel de 46 millions de dollars, soit environ 0,4 % du PIB, 1,4 % du budget de l'État, ou encore 4 % des flux annuels d'aide étrangère.
Transferts d'espèces et primes d'éducation	Dispositif social de transferts de fonds	Malawi	Fonds publics et aide internationale au développement	Ministère de l'Éducation	Ménages miséreux sans revenus	Les évaluations indiquent une réduction des jours d'absence. Le programme couvre aujourd'hui seulement un dixième des 250 000 ménages admissibles. S'il était pleinement mis en œuvre, il coûterait environ 42 millions de dollars par an, soit à peu près un tiers des dépenses publiques totales de protection sociale et d'aide d'urgence.
Bourses d'études	Programme des ambassadeurs pour l'octroi de bourses d'études aux filles	13 pays africains	Aide internationale au développement (USAID)	ONG locales	Filles scolarisées au primaire et au secondaire	En 2009, 144 134 bourses avaient été distribuées (dont 125 210 à des filles).
Bourses d'études	Nord du Mali Programme d'octroi de bourses d'études aux filles	Mali	Privé	ONG locale	Étudiants du secondaire	À ce jour, plus de 660 jeunes filles ont bénéficié de ce programme dans le nord du Mali.
Bourses d'études	Programme Batonga d'éducation des filles	Bénin	Privé	ONG locale	Étudiants du secondaire	Environ 300 jeunes filles par an ; une formation aux compétences psychosociales est dispensée aux bénéficiaires.

Suite du tableau page suivante

Tableau A.1 Résumé des programmes examinés *(Suite)*

Type d'intervention	Programme	Pays	Source de financement	Entité d'exécution	Groupe ciblé	Caractéristiques
Bourses d'études, soutien et compétences psychosociales	Initiative Acholi pour l'octroi de bourses d'études	Ouganda	Dons privés	ONG locale	Jeunes victimes de conflits	Assistance financière aux adolescents les plus vulnérables et victimes de la guerre, notamment les jeunes femmes déjà mères.
Transferts de fonds, avec et sans condition	Burkina Faso, régime pilote de transfert de fonds	Burkina Faso	Fonds publics et aide internationale au développement (Banque mondiale)	Conseil national de lutte contre le sida et les IST et Université de Ouagadougou	Ménages ruraux à faible revenu, orphelins et enfants vulnérables	Pour bénéficier des transferts conditionnels d'espèces, les 7-15 ans doivent être scolarisés et fréquenter l'école au moins 90 % du temps (en plus d'une obligation de visites médicales régulières). Les allocations conditionnelles sont de 17,60 dollars pour les 7-10 ans et de 35,20 dollars pour les 11-15 ans.
Transferts de fonds assortis de conditions	Bourse Maman	Mali	Aide international au développement (UNICEF)	ONG locales	Ménages ruraux pauvres ayant des enfants d'âge scolaire	Le programme a été mis en œuvre dans deux régions, Mopti et Kayes, où les taux de scolarisation sont chroniquement faibles. Une allocation mensuelle de 10 dollars est versée en contrepartie d'une fréquentation régulière pendant au moins 80 % de l'année scolaire. Les évaluations qualitatives révèlent de nettes améliorations du taux de scolarisation, mais aussi de nombreuses difficultés administratives. Le programme couvre environ 400 ménages.
Transferts de fonds assortis de conditions	Programme Zomba de transfert de fonds	Malawi	Aide international au développement (Banque mondiale) et dons des fondations	ONG	Adolescentes 13–22 ans	Le programme prend en charge les frais de scolarité à hauteur de 10 dollars/mois en contrepartie d'une assiduité scolaire. Il a permis une amélioration de l'assiduité et un recul des grossesses et des mariages précoces.

Suite du tableau page suivante

Tableau A.1 Résumé des programmes examinés *(Suite)*

Type d'intervention	Programme	Pays	Source de financement	Entité d'exécution	Groupe ciblé	Caractéristiques
Soutien scolaire et encadrement	Projet jeunesse USIKO de Stellenbosch	Afrique du Sud	Fonds locaux	ONG	Adolescent à risque des deux sexes de Jamestown, une communauté ouvrière d'environ 10 000 habitants	Formation d'environ 18 mois associant des compétences pour la vie quotidienne et des connaissances scolaires. Depuis 2000, elle a été dispensée à environ 600 jeunes dont plus de 90 % ont décroché un diplôme de second cycle.
Amélioration de la qualité et éducation des parents	Programme d'appui pour la qualité et l'équité de l'éducation	Mali	Aide internationale au développement (USAID)	ONG locales	Enseignants et parents de jeunes enfants	Formation des enseignants, amélioration de la qualité des écoles, soutien pour l'alphabétisation des parents, développement des associations et fédérations de parents d'élèves et des comités de gestion scolaire afin d'impliquer davantage les communautés locales dans la vie scolaire.
Amélioration de la qualité et éducation des parents	Programme de participation communautaire pour une éducation équitable et de qualité	Guinée	Aide internationale au développement (USAID)	ONG locales	Enseignants et parents de jeunes enfants	Le programme a été étendu d'un unique district à huit districts, soit plus de 600 villages, mais a des problèmes de financement.
Apprentissage accéléré et cours de rattrapage	Accès à l'éducation des jeunes NSD	Zimbabwe	Aide internationale au développement et ressources locales	ONG locale	Jeunes NSD de 12–15 ans	Initialement conçu pour aider les jeunes qui avaient quitté l'école, puis étendu à un groupe plus vaste, notamment les jeunes qui n'ont jamais été scolarisés.
Programme d'équivalence de la seconde chance	Programme pour l'éducation de base complémentaire (Tanzanie)	Tanzanie	Fonds locaux et aide internationale au développement (UNESCO)	Ministère de l'Éducation et de la culture, ONG locales	Jeunes NSD de 11–18 ans	Programme condensé sur trois ans, avec une journée d'école raccourcie, et axé sur le calcul, le littérisme et les compétences professionnelles. Aucune évaluation globale n'a été réalisée, mais l'évaluation du projet pilote a montré que l'objectif déclaré — fournir une éducation aux filles — n'avait pas été atteint.

Suite du tableau page suivante

Tableau A.1 Résumé des programmes examinés *(Suite)*

Type d'intervention	Programme	Pays	Source de financement	Entité d'éxécution	Groupe ciblé	Caractéristiques
Programme d'équivalence de la seconde chance	Programme d'éducation de base dans les zones urbaines pauvres (BEUPA)	Ouganda	Fonds publics et aide internationale au développement (Gouvernement allemand)	Conseil municipal de Kampala (KCC) Ministère de l'Éducation et des sports	Jeunes urbains NSD de 9–18 ans	De tous les programmes publics mis en œuvre en Ouganda en faveur de l'éducation complémentaire de base, le BEUPA est celui qui a obtenu le plus fort taux de transfert vers les écoles offrant un enseignement primaire universel. En 2002, 3 440 élèves du BEUPA, soit 26,4 %, ont effectué ce transfert ; les filles représentaient 54,8 % des participants. Le taux d'abandon était de 10,3 %. Selon une évaluation préliminaire, le succès du programme tenait à la collaboration avec les artisans des communautés concernées, aux efforts pour trouver des stages d'apprentissage aux jeunes désireux d'acquérir une expérience pratique et à l'avantage global de ce type de programmes par rapport aux cours d'alphabétisation classiques. D'aucuns jugent cependant que l'on ne peut optimiser les retombées sur l'emploi sans une démarche globale favorisant le littérisme.
Programme d'équivalence de la seconde chance	Planète des alphas et Action scolaire d'appoint pour les adolescents malgaches (ASAMA)	Madagascar	Aide internationale au développement (PNUD)	Gouvernement	Jeunes urbains NSD de 10–18 ans	Après 10 mois de formation ASAMA : 52,6 % des participants avaient réussi l'examen d'équivalence du primaire. Pour le programme Planète des alphas, 66,7 % des enfants ont réussi le contrôle final, dont 37,5 % avec de bons résultats. Après une formation intensive à la lecture, 18,2 % des élèves qui ont quitté le programme se sont inscrits dans une école primaire du secteur formel et 5,3 % sont passés au programme ASAMA.

Suite du tableau page suivante

Tableau A.1 Résumé des programmes examinés (Suite)

Type d'intervention	Programme	Pays	Source de financement	Entité d'exécution	Groupe ciblé	Caractéristiques
Formation professionnelle et à la vie pratique	Centres communautaires d'éducation en vue de l'alphabétisation et de la formation professionnelle	Sierra Leone	Aide internationale au développement (UNESCO)	Ministère de l'Éducation, avec l'appui d'ONG locales et de bénévoles	Jeunes NSD et illettrés fonctionnels, jeunes et adultes, notamment ceux en situation de privation, comme les victimes de guerre, les rapatriés, les orphelins, les réfugiés et les personnes déplacées à l'intérieur du pays	Pendant la phase pilote, ce programme de 10 mois a couvert 2 500 apprenants par an dans huit districts ; la plupart des jeunes sont parvenus à achever tous les modules. L'extension du programme est entravée par le manque de financement.
Formation professionnelle associée à une information sur le VIH/SIDA	Formation professionnelle et prévention du VIH pour les jeunes Ougandais	Ouganda	Privé	ONG locale	Jeunes de 13–23 ans	Cet essai randomisé associait un programme d'apprentissage et d'enseignement de compétences pratiques ; il a obtenu des résultats avérés, tels que des emplois durables et une régression des conduites à risque, avec moins de partenaires sexuels, plus d'abstinence, un recours accru aux préservatifs et une moindre consommation d'alcool, de marijuana et de drogues dures.
Apprentissages associés à des cours sur la santé et la vie pratique et un encadrement	Programme d'enseignement extrascolaire et d'apprentissage pour les jeunes marginalisés vivant dans les rues et les bidonvilles	Ouganda	Aide internationale au développement (UNESCO)	ONG locale	Jeunes NSD vulnérables des bidonvilles	Entre 2004 et 2006, 184 jeunes ont été pris en charge au titre de ce programme, dont une majorité de femmes (152). Bien que le recours à des artisans locaux ait permis de maîtriser les coûts de formation, leur manque d'expérience et de formation pédagogique a freiné les avancées. Les stagiaires qui ont mené leur formation jusqu'au bout ont pu trouver un emploi rémunérateur, et témoignent généralement d'une amélioration de leur estime de soi.

Suite du tableau page suivante

Tableau A.1 Résumé des programmes examinés (Suite)

Type d'intervention	Programme	Pays	Source de financement	Entité d'exécution	Groupe ciblé	Caractéristiques
Littérisme et enseignement de compétences pratiques pour la vie quotidienne	Programme communautaire de littérisme et de développement	Ghana	Fonds publics et aide internationale au développement (Banque mondiale), donateurs locaux	Ministère de l'Éducation, avec l'appui d'ONG locales et de bénévoles	Jeunes NSD et illettrés fonctionnels, jeunes et adultes, notamment ceux de milieux défavorisés et des zones rurales	Le programme, phase initiale incluse, a bénéficié à 2,5 millions d'adultes, avec un taux d'abandon estimé à environ 7 %. Le financement est le principal obstacle.
Formation professionnelle pour les jeunes à risque	École de couture Ste. Monique pour les filles	Ouganda	Fonds locaux	ONG confessionnelles	Jeunes filles des régions en phase de relèvement du nord de l'Ouganda	Le programme enseigne un mélange de compétences professionnelles et offre des services de conseil ; 1 400 étudiantes en ont bénéficié depuis 1982.
Formation professionnelle	Formation professionnelle du Comité des jeunes bénévoles de la Corne de l'Afrique	Somaliland	Fonds locaux	ONG locale	Jeunes rapatriés à l'issue des conflits	Offert depuis 1998, ce programme fournissait initialement une formation à des rapatriés sans ressources, et s'est réorienté au fil du temps sur les jeunes NSD. Compte tenu de l'importance de la demande, les candidats sont désormais testés et des frais de scolarité sont exigés.
Enseignement extrascolaire	Programme de formation et d'enseignement pour la réinsertion des jeunes	Sierra Leone	Aide internationale au développement (USAID)	ONG internationale	Enfants soldats et autres jeunes victimes de guerre de 15–34 ans	Le programme a été étendu à plus de 40 000 participants par an. Selon des évaluations qualitatives, les participants estiment qu'il a amélioré leur existence et leurs compétences scolaires.
Formation professionnelle	Programme de formation professionnelle	République du Soudan (initialement mis en œuvre par le Gouvernement soudanais)	Aide internationale au développement (Save the Children UK)	Gouvernement soudanais et ONG internationales et locales	Jeunes NSD de 12-18 ans des zones de conflit	Un enseignement a été offert à plus de 120 000 apprenants dans 260 centres administrés par des ONG et dans 815 autres centres relevant du Ministère de l'Éducation. Le taux de participation des filles à ce programme est plus élevé que dans l'enseignement formel.

Suite du tableau page suivante

Tableau A.1 Résumé des programmes examinés *(Suite)*

Type d'intervention	Programme	Pays	Source de financement	Entité d'exécution	Groupe ciblé	Caractéristiques
Enseignement professionnel	Programme de bons de formation professionnelle et technique	Kenya	Aide internationale au développement (Banque mondiale, USAID)	ONG	Jeunes de 18–30 ans	Les résultats d'un essai randomisé montrent que les bons ont contribué à une augmentation notable du taux de formation professionnelle, surtout lorsqu'ils n'étaient pas limités à certains types de programmes. Par ailleurs, les jeunes qui n'avaient pas achevé le cycle secondaire accordaient davantage de valeur à ces bons de formation, et étaient moins susceptibles d'abandonner.
Formation en apprentissage	Programme de formation d'apprentis et appui à la création de microentreprises pour les jeunes vulnérables	Malawi	Aide internationale au développement (Fonds mondial)	Commission nationale de lutte contre le sida du Malawi	Jeunes de 15–24 ans, dont de nombreux orphelins, des jeunes NSD et des jeunes vivant avec le VIH	Les 1 900 jeunes qui participent au projet suivent des cours de formation et reçoivent des kits de démarrage qui visent à favoriser la création de microentreprises et le travail indépendant chez les jeunes les plus vulnérables. Des compétences pratiques leur sont enseignées pour réduire les comportements sexuels à risque et les doter d'aptitudes utiles sur le marché du travail. Ils bénéficient en outre d'un suivi après la création de leur entreprise.
Enseignement extrascolaire	Programme communautaire de formation extrascolaire à la vie pratique pour les jeunes et les adultes	Éthiopie	Fonds locaux	ONG	Adultes et jeunes NSD, surtout dans les zones rurales	Environ 2 000 adultes, principalement des femmes, suivent chaque année une formation à divers métiers. Les participants signalent une amélioration de leurs qualifications qui leur permet d'être mieux placés sur le marché du travail local, et une forte motivation à s'engager résolument dans des activités rémunératrices d'un genre ou d'un autre, que ce soit individuellement ou en groupe.

Suite du tableau page suivante

Tableau A.1 Résumé des programmes examinés *(Suite)*

Type d'intervention	Programme	Pays	Source de financement	Entité d'exécution	Groupe ciblé	Caractéristiques
Formation professionnelle et compétences pratiques	Programme de promotion de l'emploi	Sierra Leone	Aide internationale au développement (Ministère fédéral allemand pour la Coopération économique et le Développement)	Ministère du Travail et de la Sécurité sociale et (GTZ)	Jeunes ruraux de 15-25 ans	
Formation professionnelle, compétences pratiques et bénévolat	Projet de gestion des conflits urbains	Afrique du Sud	Aide internationale au développement	Département national de la sûreté et de la sécurité et ONG (GTZ)	Jeunes ruraux de 18-30 ans	Ce programme a débuté en 1997 dans la province du Cap oriental. Il associe le travail bénévole (résolution de conflits) à des formations. Les bénévoles suivent aussi des cours pratiques et des cours de rattrapage en anglais commercial, mathématiques et en informatique, et bénéficient de services d'orientation professionnelle. Après un an de service en tant qu'artisans communautaires de la paix, ils peuvent suivre une formation professionnelle ou un apprentissage. La plupart d'entre eux ont trouvé des emplois fixes et, autre retombée positive, ils se livrent moins à la délinquance.

Suite du tableau page suivante

Tableau A.1 Résumé des programmes examinés (Suite)

Type d'intervention	Programme	Pays	Source de financement	Entité d'exécution	Groupe ciblé	Caractéristiques
Formation en cours d'emploi	Projet d'autonomisation des jeunes	Kenya	Aide internationale au développement (Banque mondiale)	Ministère de la Jeunesse et des Sports, et organisation privée	Jeunes de 15–29 ans ayant couvert au moins huit années de scolarité (participation plafonnée pour les étudiants du tertiaire)	Le projet devrait coûter environ 17 millions de dollars. Il a pour objectif de former quelque 10 000 jeunes en quatre ans. L'évaluation du programme sera axée sur l'amélioration de l'emploi et des conditions de vie, et portera sur des dimensions, telles que l'évolution des gains et des conduites à risque. À ce jour, 1 095 jeunes (dont 425 femmes) ont suivi des cours de développement des compétences nécessaires à la vie quotidienne, avec un taux de participation de 80 %, et 916 stages en entreprise ont été organisés dans les secteurs informel et formel. La majorité de ces stagiaires a pu bénéficier d'un complément de formation à la gestion d'entreprise.
Formation	Fonds nationaux de formation	17 pays	Financements extérieurs généralistes, aides publiques, prélèvements sociaux	Fonds généralement autonomes	Les fonds qui ciblent les populations défavorisées ont généralement une composante jeunesse	Formation, stages en entreprise et apprentissages pratiques. La formation est généralement dispensée par des entreprises privées qui organisent parfois des possibilités d'emploi. Les prélèvements servent à financer les jeunes participants, les entreprises et les artisans.
Formation et placement	Alliance pour l'emploi des jeunes	Rwanda, Afrique du Sud et Tanzanie	Aide internationale au développement (USAID) et fonds privés (Nokia, Lions Clubs)	ONG internationales et locales	Jeunes défavorisés et NSD de 14–29 ans	Les jeunes bénéficient d'une formation professionnelle, de services d'orientation et de placement et d'une formation à la gestion d'entreprise. Le programme a coûté au total quelque 2 millions de dollars, pour 900 participants sur cinq ans.

Suite du tableau page suivante

Tableau A.1 Résumé des programmes examinés *(Suite)*

Type d'intervention	Programme	Pays	Source de financement	Entité d'exécution	Groupe ciblé	Caractéristiques
Formation et placement	Appui à l'introduction de la formation professionnelle par alternance	Côte d'Ivoire	État et donateurs internationaux	Ministère de l'Enseignement technique et professionnel	Jeunes NSD de 14–24 ans	Le programme associait des cours théoriques et des stages pratiques en mécanique et électronique automobile, confection, supervision de chantier administration commerciale, technique informatique et maintenance industrielle. Il a souffert du rappel des formateurs experts suite à la crise politique de 2002. Une étude de suivi réalisée en 2006 a révélé des taux élevés d'achèvement du programme et de placement en entreprise : 57 % des mécaniciens auto et 71 % de ceux disposant d'une formation commerciale avaient trouvé un emploi.
Formation et placement	Autonomisation économique des adolescentes et des jeunes femmes	Libéria	Aide internationale au développement et financements des donateurs	Ministère du Genre et du Développement	Femmes de 16–27 ans	Le programme offre une combinaison de services de formation et de placement professionnel, ainsi qu'un accès au microfinancement, l'enseignement de compétences pratiques et un encadrement. L'objectif était de former 2 500 jeunes femmes pour leur permettre de trouver un emploi salarié ou de démarrer leur propre entreprise. Environ 2 500 jeunes femmes ont été formées pendant les deux premières années du programme.

Suite du tableau page suivante

Tableau A.1 Résumé des programmes examinés *(Suite)*

Type d'intervention	Programme	Pays	Source de financement	Entité d'exécution	Groupe ciblé	Caractéristiques
Formation et microfinance	Programme Des débouchés pour les jeunes	Ouganda	Aide internationale au développement	Administration centrale et organismes publics régionaux	Jeunes de 15–35 ans	Des subventions (d'un maximum de 10 000 dollars) étaient offertes sur concours à des groupes de jeunes qui devaient présenter des projets de formation à un métier donné auprès d'une institution compétente. Selon une évaluation randomisée, les groupes qui décrochaient une subvention avaient près de quatre fois plus de chances de suivre une formation professionnelle et deux fois plus de chances de trouver un emploi qualifié. En outre, ils amélioraient leurs bénéfices de 50 % et leurs économies de 20 % par rapport aux jeunes du groupe de contrôle. Ils étaient aussi plus susceptibles de participer à des activités civiques, et de se garder des comportements agressifs.
Formation et microfinance	Valoriser et redéployer les jeunes	Kenya	ONG et associations à but non lucratif	Entité à but non lucratif (Agence de développement du Kenya)	Femmes NSD de 16–22 ans	Les participantes devaient constituer des groupes officiellement enregistrés de 25 femmes, et ouvrir un compte d'épargne au nom du groupe. Elles suivaient alors une semaine de cours sur les rudiments de la gestion d'entreprise, les compétences pratiques et la santé. Elles devaient économiser chaque semaine un certain montant visant à servir de garantie pour l'obtention d'un prêt. Après huit semaines d'épargne, un prêt était approuvé en faveur du groupe. Les participantes ont amélioré leurs gains et leur épargne, mais les taux d'abandon étaient élevés notamment parmi les plus jeunes.

Note : PIB = Produit intérieur brut ; GTZ = Agence allemande de coopération technique ; ONG = Organisation non gouvernementale ; PNUD = Programme des Nations Unies pour le développement ; UNESCO = Organisation des Nations Unies pour l'éducation, la science et la culture ; UNICEF = Fonds des Nations Unies pour l'enfance ; USAID = Agence des États-Unis pour le développement international.

APPENDICE B

Sources des données

Tableau B.1 Année de réalisation des enquêtes et source des données sur les pays d'Afrique subsaharienne

Pays	Année de l'enquête	Source
Bénin	2006	EDS
Burkina Faso	2010	LSMS
Burundi	2010	EDS
Cameroun	2011	EDS
Congo, RDC	2007	EDS
Congo, Rép. du	2009	EDS
Côte d'Ivoire	2008	LSMS
Éthiopie	2011	EDS
Gambie	2009	LSMS
Ghana	2008	EDS
Guinée	2010	LSMS
Kenya	2008	EDS
Lesotho	2009	EDS
Libéria	2007	EDS
Madagascar	2008	EDS
Malawi	2010	EDS
Mali	2006	EDS
Mozambique	2009	LSMS
Namibie	2006	EDS
Niger	2006	LSMS
Nigéria	2010	LSMS
Ouganda	2010	LSMS
Rwanda	2010	EDS
São Tomé-et-Príncipe	2010	LSMS
Sénégal	2011	EDS
Sierra Leone	2008	EDS
Swaziland	2006	EDS
Tanzanie	2010	LSMS

Suite du tableau page suivante

Tableau B.1 Année de réalisation des enquêtes et source des données sur les pays d'Afrique subsaharienne *(Suite)*

Pays	Année de l'enquête	Source
Tchad	2010	LSMS
Zambie	2010	LSMS
Zimbabwe	2010	EDS

Note : EDS = Enquête démographique et sanitaire ; LSMS = Étude sur l'évaluation des niveaux de vie.

APPENDICE C

Typologies de pays

Tableau C.1 Niveau de revenu des pays d'Afrique subsaharienne

Faible revenu	Revenu intermédiaire tranche inférieure	Revenu intermédiaire tranche supérieure	Revenu élevé
Bénin	Cameroun	Afrique du Sud	Guinée équatoriale
Burkina Faso	Cap-Vert	Angola	
Burundi	Congo, Rép. du	Botswana	
Comores	Côte d'Ivoire	Gabon	
Congo, RDC	Djibouti	Maurice	
Érythrée	Ghana	Namibie	
Éthiopie	Lesotho	Seychelles	
Gambie	Nigéria		
Guinée	São Tomé-et-Príncipe		
Guinée -Bissau	Sénégal		
Kenya	Soudan		
Libéria	Sud Soudan		
Madagascar	Swaziland		
Malawi	Zambie		
Mali			
Mauritanie			
Mozambique			
Niger			
Ouganda			
République centrafricaine			
Rwanda			
Sierra Leone			
Somalie			
Tanzanie			
Tchad			
Togo			
Zimbabwe			

Tableau C.2 Héritage colonial des pays d'Afrique subsaharienne

Anglophones	Francophones	Lusophones
Afrique du Sud	Bénin	Angola
Botswana	Burkina Faso	Cap-Vert
Érythrée	Burundi	Guinée-Bissau
Éthiopie	Cameroun	Mozambique
Gambie	Comores	São Tomé-et-Príncipe
Ghana	Congo, RDC	
Kenya	Congo, Rép. du	
Lesotho	Côte d'Ivoire	
Libéria	Djibouti	
Malawi	Gabon	
Maurice	Guinée	
Namibie	Madagascar	
Nigéria	Mali	
Ouganda	Mauritanie	
Seychelles	Niger	
Sierra Leone	République centrafricaine	
Somalie	Rwanda	
Soudan	Sénégal	
Sud Soudan	Tchad	
Swaziland	Togo	
Tanzanie		
Zambie		
Zimbabwe		

Tableau C.3 Antécédents de conflits dans les pays d'Afrique subsaharienne

Angola	Ouganda
Burundi	République centrafricaine
Comores	Rwanda
Congo, RDC	Sierra Leone
Congo, Rép. du	Somalie
Côte d'Ivoire	Soudan
Érythrée	Sud Soudan
Guinée	Tchad
Guinée-Bissau	Togo
Libéria	Zimbabwe
Mozambique	

Tableau C.4 Niveau de revenu, héritage colonial et antécédents de conflits des pays d'Afrique subsaharienne

Pays	Niveau de revenu				Héritage colonial			États fragiles/ touchés par un conflit
	Faible revenu	Revenu intermédiaire tranche inférieure	Revenu intermédiaire tranche supérieure	Revenu élevé	Anglophones	Francophones	Lusophones	
Afrique du Sud			X		X			
Angola			X				X	X
Bénin	X					X		
Botswana			X		X			
Burkina Faso	X					X		
Burundi	X					X		X
Cameroun		X				X		
Cap-Vert		X					X	
Comores	X					X		
Congo, RDC	X					X		X
Congo, Rép. du		X				X		
Côte d'Ivoire		X				X		X
Djibouti		X				X		
Érythrée	X				X			X
Éthiopie	X				X			
Gabon			X			X		
Gambie	X				X			
Ghana		X			X			
Guinée	X					X		X
Guinée-Bissau	X						X	X
Guinée équatoriale			X					
Kenya	X				X			
Lesotho		X			X			
Libéria	X				X			X
Madagascar	X					X		
Malawi	X				X			
Mali	X					X		
Mauritanie	X					X		
Maurice			X		X			
Mozambique	X						X	X
Namibie			X		X			
Niger	X					X		
Nigéria		X			X			
Ouganda	X				X			X
République centrafricaine	X					X		X
Rwanda	X					X		X
São Tomé-et-Príncipe		X					X	
Sénégal		X				X		
Seychelles			X		X			
Sierra Leone	X				X			X
Somalie	X				X			X

Suite du tableau page suivante

Tableau C.4 Niveau de revenu, héritage colonial et antécédents de conflits des pays d'Afrique subsaharienne *(Suite)*

Pays	Niveau de revenu				Héritage colonial			États fragiles/ touchés par un conflit
	Faible revenu	Revenu intermédiaire tranche inférieure	Revenu intermédiaire tranche supérieure	Revenu élevé	Anglophones	Francophones	Lusophones	
Soudan		X			X			X
Sud Soudan		X			X			X
Swaziland		X			X			
Tanzanie	X				X			
Tchad	X					X		X
Togo	X					X		X
Zambie		X			X			
Zimbabwe	X				X			X

APPENDICE D

Répartition des jeunes NSD dans certains pays d'Afrique subsaharienne

Tableau D.1 Répartition des jeunes NSD dans certains pays d'Afrique subsaharienne
Millions

Pays	12–14 ans NSD	Transitions scolaires (15–24 ans)							Répartition école/travail (15–24 ans)			
		Jamais scolarisés / abandon au primaire	Toujours au primaire / primaire achevé	Abandon au secondaire	Toujours au secondaire	Diplômés du secondaire	Études seulement	Travail seulement	Travail et études	Inactifs (ni travail, ni études)	Au chômage
Burkina Faso	0,633	1,75	0,26	0,095	0,236	0,024	0,095	1,726	0,26	0,142	0,142
Cameroun	0,22	1,157	0,718	0,479	1,596	0,04	0,559	1,756	1,277	0,279	0,12
Côte d'Ivoire	0,476	2,404	0,515	0,215	0,987	0,172	1,159	1,674	0,086	1,331	0,043
Éthiopie	2,25	7,671	4,197	0,579	1,737	0,289	3,184	6,368	2,461	2,171	0,289
Gambie	0,046	0,175	0,046	0,05	0,076	0,034	0,107	0,156	0,004	0,095	0,019
Ghana	0,251	1,009	0,57	0,921	1,36	0,527	1,58	1,623	0,439	0,57	0,176
Guinée	0,349	1,071	0,268	0,156	0,692	0,045	0,781	0,803	0,067	0,424	0,156
Kenya	0,169	1,191	1,27	1,747	2,7	1,032	3,573	2,064	0,556	1,191	0,556
Malawi	0,099	0,618	0,451	0,404	0,76	0,143	0,594	0,903	0,546	0,309	0,024
Mozambique	0,284	1,597	0,662	0,506	1,013	0,117	0,312	2,064	1,052	0,312	0,156
Niger	0,485	1,697	0,358	0,119	0,191	0,024	0,191	1,314	0,239	0,263	0,382
Nigéria	1,79	4,45	3,62	0,83	12,52	6,4	12,8	4,45	4,17	5,29	1,11
Ouganda	0,19	0,974	2,209	0,779	2,274	0,26	0,585	2,014	3,443	0,325	0,13
Rwanda	0,087	1,094	0,759	0,022	0,313	0,045	0,29	1,273	0,558	0,067	0,045
São Tomé-et-Príncipe	0,455	1,915	0,186	0,106	0,426	0,027	0,532	1,33	0,027	0,612	0,16
Sénégal	0,077	0,342	0,145	0,051	0,265	0,051	0,137	0,368	0,291	0,034	0,026
Sierra Leone	0,001	0,012	0,007	0,005	0,009	—	0,012	0,006	0,001	0,01	0,004
Tanzanie	0,588	1,779	0,692	3,557	2,767	1,087	2,273	4,941	1,087	1,285	0,296
Tchad	0,298	1,008	0,371	0,071	0,318	—	0,371	0,424	0,248	0,566	0,159
Zambie	0,2	0,719	0,343	0,651	1,37	0,343	1,576	0,822	0,034	0,719	0,274
Total	**8,9**	**32,6**	**17,6**	**11,3**	**31,6**	**10,7**	**30,7**	**36,1**	**16,8**	**16,0**	**4,3**
Estimation pour la région	**15,0**	**54,7**	**29,6**	**19,0**	**53,0**	**17,9**	**51,5**	**60,5**	**28,3**	**26,8**	**7,2**

Source : Feda et Sakellariou 2013.
Note : — = non disponible.

Bibliographie

Feda, Kebede, and Chris Sakellariou. 2013. "Out of School, School-Work Outcomes and Education Transitions of Youth in Sub-Saharan Africa—A Diagnostic." Background paper prepared for the World Bank program on Secondary Education in Africa (SEIA), World Bank, Washington, DC.

APPENDICE E

Modèle de régression logistique séquentielle

Modèle logit séquentiel

Feda et Sakellariou (2013) appliquent un *modèle logit séquentiel*[1] pour étudier les transitions et l'abandon scolaires. Le modèle examine quatre transitions : premièrement, la décision de poursuivre ou d'achever le cycle primaire (par opposition à une absence totale de scolarité ou un abandon au primaire) ; deuxièmement, pour les jeunes qui ont poursuivi/achevé le cycle primaire, la décision d'intégrer ou non le secondaire ; troisièmement, pour les jeunes qui sont passés au secondaire, leur abandon éventuel ou la décision de poursuivre ; et, quatrièmement, pour les jeunes qui ont poursuivi leurs études secondaires, l'achèvement du cycle secondaire avant l'âge de 24 ans (un très petit nombre d'entre eux peuvent prolonger leurs études à plus haut niveau), par opposition à la poursuite du cycle secondaire au-delà de cet âge.

Le modèle logit séquentiel vise à modéliser l'influence des variables explicatives sur la probabilité de réussir un ensemble de transitions. Il se prête particulièrement bien à l'étude des relations entre le statut socioéconomique des familles et le niveau d'éducation des enfants. Il explore notamment l'association entre la situation socioéconomique familiale et la probabilité de passer d'un niveau d'éducation au niveau supérieur, plutôt que la relation entre le statut socioéconomique et le plus haut niveau d'éducation atteint par les jeunes. Connaître l'influence du statut socioéconomique à chacune de ces transitions donne un tableau plus complet de la façon dont s'articulent les différentes facettes de l'inégalité des chances face à l'éducation, et permet de décrire ces inégalités en termes de processus et non de résultat.

Une représentation schématique du modèle est fournie à la figure E.1. Ce modèle suppose qu'il faut avoir opéré chacune des transitions de niveau inférieur (« susceptible » de passer) pour pouvoir décider de poursuivre ou d'abandonner. L'hypothèse étant que chaque décision est indépendante des autres, on peut modéliser en elle-même l'inégalité des chances face à l'éducation (voir Buis 2010) en effectuant à chaque transition une série de régressions logit sur le sous-échantillon approprié.

Figure E.1 Transitions scolaires et probabilités correspondantes

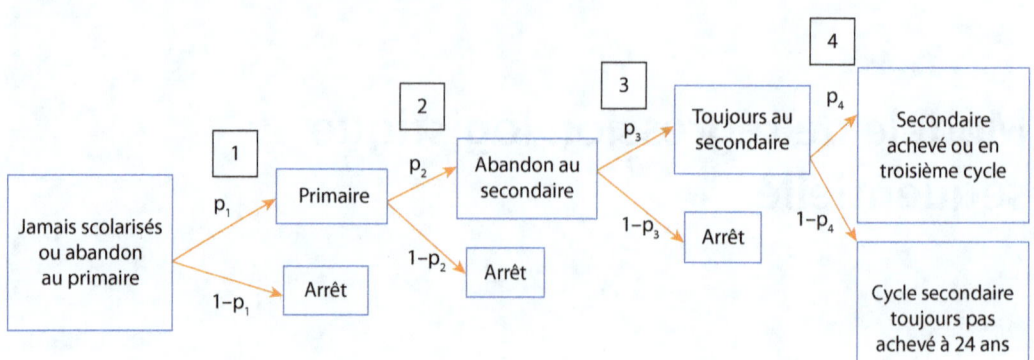

Après avoir assigné une valeur à chaque niveau d'éducation (pseudo-années) (l_k), on peut étudier l'effet des variables explicatives sur le résultat final escompté. La probabilité qu'une personne i passe la transition k, p_k, est obtenue comme suit :

$$p_{1i} = \frac{\exp(a1 + \lambda 1 * \text{SES}i + b1 * xi)}{1 + \exp(a1 + \lambda 1 * \text{SES}i + b1 * xi)}$$

$$p_{2i} = \frac{\exp(a2 + \lambda 2 * \text{SES}i + b2 * xi)}{1 + \exp(a2 + \lambda 2 * \text{SES}i + b2 * xi)} \quad \text{Si pass1} = 1$$

$$p_{3i} = \frac{\exp(a3 + \lambda 3 * \text{SES}i + b3 * xi)}{1 + \exp(a3 + \lambda 3 * \text{SES}i + b3 * xi)} \quad \text{Si pass2} = 1$$

$$p_{4i} = \frac{\exp(a4 + \lambda 4 * \text{SES}i + b4 * xi)}{1 + \exp(a4 + \lambda 4 * \text{SES}i + b4 * xi)} \quad \text{Si pass3} = 1$$

Où « l'inégalité des chances » (par exemple le niveau d'instruction du père, la race/l'appartenance ethnique, et autres) associée à la transition k est λ_k, la constante pour la transition k est a_k, et l'effet de la variable de contrôle x_k est b_k.

Les deux coefficients (λ_k et b_k) ont des moyennes similaires, mais illustrent les effets de variables différentes. Le coefficient λ_k illustre l'effet de la variable examinée, dans ce cas le statut socioéconomique, soit SES. b_k décrit l'effet des autres variables du modèle (par exemple l'âge, la distance des écoles) quand elles ne sont pas la variable examinée. Les deux coefficients visent donc à mesurer la relation entre la variable dépendante et les variables de contrôle, la première et les secondes déterminant le résultat final. Le concept d'effet marginal est utile quand on souhaite examiner l'effet d'une variable en contrôlant celui des autres variables, et il est davantage associé à la variable d'intérêt (λ_k) qu'aux variables de contrôle. À titre d'exemple, pour déterminer l'impact du degré d'instruction du chef de ménage sur l'assiduité scolaire d'un enfant en contrôlant toutes les autres variables (âge, richesse, lieu géographique et autres), le coefficient du degré d'instruction du chef de ménage peut être interprété comme étant l'effet marginal de ce facteur sur l'assiduité scolaire d'un enfant.

Lorsque pass1 = 1, la personne i est passée de p_1 à p_2. Le contrefactuel pass1 = 0 signifie que la personne i n'est pas passée de p_1 à p_2, c'est-à-dire qu'elle a interrompu sa scolarité à ce niveau ou complètement abandonné. De même, pass2 = 1 renvoie à la transition entre p_2 et p_3, et pass3 = 1 à la transition de p_3 à p_4, avec les contrefactuels et explications correspondants indiqués pour pass1.

Note

1. Également connu sous divers autres noms, tels que modèle de réponse séquentielle (Maddala 1983), ratio logit de poursuite des études (Agresti 2002), modèle de dichotomies imbriquées (Fox 1997), et modèle de Mare (Mare 1981 ; Shavit et Blossfeld 1993). Pour une analyse plus fine de la question, voir également Buis (2010).

Bibliographie

Agresti, Alan. 2002. *Categorical Data Analysis*. 2nd ed. Hoboken, NJ: Wiley-Interscience.

Buis, Maarten. 2010. "Not All Transitions Are Equal: The Relationship between Inequality of Educational Opportunities and Inequalities of Educational Outcomes." In *Inequality of Educational Outcome and Inequality of Educational Opportunity in the Netherlands during the 20th Century*, edited by M. Buis, PhD dissertation, Vrije University, Amsterdam.

Feda, Kebede, and Chris Sakellariou. 2013. "Out of School, School-Work Outcomes and Education Transitions of Youth in Sub-Saharan Africa—A Diagnostic." Background paper prepared for the World Bank program on Secondary Education in Africa (SEIA), World Bank, Washington, DC.

Fox, John. 1997. *Applied Regression Analysis, Linear Models and Related Methods*. Thousand Oaks, CA: Sage.

Maddala, G. S. 1983. *Limited Dependent and Qualitative Variables in Econometrics*. Cambridge, UK: Cambridge University Press.

Mare, Robert D. 1981. "Change and Stability in Education Stratification." *American Sociological Review* 46 (1): 72–87.

Shavit, Yossi, and Hans-Peter Blossfeld. 1993. *Persistent Inequality: Changing Educational Attainment in Thirteen Countries*. Boulder, CO: Westview Press.

APPENDICE F

Récapitulatif des résultats de Feda et Sakellariou (2013)

Tableau F.1 Classification régionale des 20 pays étudiés

Est	Sud	Centre	Ouest
Éthiopie	Malawi	Cameroun	Burkina Faso
Kenya	Mozambique	Guinée	Côte d'Ivoire
Ouganda	Zambie	São Tomé-et-Príncipe	Gambie
Rwanda		Tchad	Ghana
Tanzanie			Niger
			Nigéria
			Sénégal
			Sierra Leone

Tableau F.2 Impact des caractéristiques des ménages sur les décisions de scolarisation des 12-14 ans

	Afrique subsaharienne	Impact au niveau régional	
Caractéristiques des jeunes			
Âge	Non signifiant	Non signifiant	
Sexe féminin	Probabilité d'être scolarisé inférieure de 4 %	2–3 % à l'est et au sud	Effet le plus notable, 10 %, en Afrique centrale
Jeunes urbains/ jeunes ruraux	La probabilité d'être scolarisé est 8 % supérieure chez les jeunes urbains	Moins marqué à l'est et au sud	Moins marqué au centre et à l'ouest
Composition des ménages			
Nombre d'enfants de moins de 14 ans	Sans importance	Mineur, mais fort effet positif dans le Sud	
Nombre d'enfants de 15–24 ans	Sans importance	Quand il y a davantage d'enfants de plus de 14 ans, les jeunes sont plus susceptibles de fréquenter l'école dans le Sud (effet marginal de 2 %)	
Caractéristiques du chef du ménage			
Femme	Probabilité d'être scolarisé inférieure de 8 %	Plus important à l'ouest (effet marginal de 10 %)	
Marié	Non signifiant		

Suite du tableau page suivante

Tableau F.2   Impact des caractéristiques des ménages sur les décisions de scolarisation des 12-14 ans *(Suite)*

	Afrique subsaharienne	Impact au niveau régional
Caractéristiques du chef du ménage (suite.)		
Cycle primaire achevé	Probabilité d'être scolarisé supérieure de 15 % si le chef du ménage est instruit	Moins important dans le Sud, et plus à l'ouest
Second cycle du secondaire achevé	Probabilité d'être scolarisé supérieure de 21 % si le chef du ménage est instruit	Effet nettement plus faible dans le Sud (8 %)
Éducation supérieure	Probabilité d'être scolarisé supérieure de 18 % si le chef du ménage est instruit	Effet nettement plus faible dans le Sud (11 %)
Travaille dans l'agriculture	Probabilité d'être scolarisé inférieure de 8 %	Négligeable dans le Sud
Revenu du ménage		
Revenu du ménage : quintile 2-5	Probabilité d'être scolarisé supérieure de 3-5 % aux ménages les plus pauvres	Effet du revenu bien plus marqué dans les ménages à revenu élevé des régions du sud et du centre
Un adulte en activité de plus de 25 ans, plutôt qu'aucun	Probabilité d'être scolarisé supérieure de 13 %	Significatif dans toutes les régions, et d'une ampleur similaire, sauf dans la région centre où l'impact n'est pas signifiant
Deux adultes en activité de plus de 25 ans, plutôt qu'aucun	Probabilité d'être scolarisé supérieure de 20 %	Significatif dans toutes les régions, et d'une ampleur similaire, sauf dans la région centre où l'impact n'est pas signifiant
Trois adultes en activité, et plus, de plus de 25 ans, plutôt qu'aucun	Probabilité d'être scolarisé supérieure de 17 %	Significatif dans toutes les régions, et d'une ampleur similaire, sauf dans la région centre où l'impact n'est pas signifiant
Caractéristiques du pays		
Passé colonial : Francophone	Probabilité d'être scolarisé inférieure de 9 % aux pays anglophones	
Passé colonial : Lusophone	Probabilité d'être scolarisé supérieure de 3 % aux pays anglophones	
Antécédents de conflit	Probabilité d'être scolarisé supérieure de 2 %	

Source : Feda et Sakellariou 2013.

Tableau F.3   Facteurs déterminants de la scolarisation ou du travail chez les 15-24 ans

	Sans activité (ou travaux domestiques)	Travail exclusif	Travail et scolarité	Scolarité exclusive
Caractéristiques des jeunes				
Âge	Les plus âgés sont moins susceptibles d'être inactifs, surtout dans les régions du centre et de l'ouest	Les plus âgés sont plus susceptibles de travailler, un effet beaucoup plus perceptible dans le Sud (12 %) et dans les pays à faible revenu ou touchés par un conflit	Les plus âgés sont moins susceptibles de fréquenter l'école ou de travailler, surtout dans les pays à faible revenu ou touchés par un conflit	Les plus âgés sont moins susceptibles de fréquenter l'école sans travailler, surtout dans les pays à faible revenu ou touchés par un conflit

Suite du tableau page suivante

Tableau F.3 Facteurs déterminants de la scolarisation ou du travail chez les 15-24 ans *(Suite)*

	Sans activité (ou travaux domestiques)	*Travail exclusif*	*Travail et scolarité*	*Scolarité exclusive*
Caractéristiques des jeunes (suite)				
Filles : jamais mariées	Probabilité d'être inactive supérieure de 7 % dans les pays à faible revenu	Impact positif signifiant dans le Sud seulement, et impact négatif signifiant dans les pays à faible revenu	Faible impact négatif en général, plus marqué dans les pays touchés par un conflit	Faible impact négatif en général, plus marqué dans les pays touchés par un conflit
Filles : mariées	Probabilité d'être inactive supérieure de 13 % surtout dans les pays à faible revenu	Probabilité de travailler exclusivement supérieure de 26 %, et près de 50 % dans le Sud	Probabilité de jongler entre scolarité et travail inférieure de 11 %, impact plus important dans les pays à faible revenu	Probabilité d'être scolarisé uniquement inférieure de 28 %, et près de 60 % dans le Sud
Jeunes urbains/ jeunes ruraux	Probabilité d'être inactif supérieure de 7 % dans le Sud	Probabilité de travailler exclusivement inférieure de 13 %, surtout dans le Sud et les pays touchés par un conflit	Probabilité d'associer travail et scolarité inférieure de 3 %, pas d'effet en Afrique de l'Ouest	Probabilité d'être scolarisé uniquement supérieure de 9 %, effet très marqué en Afrique centrale et dans les pays à faible revenu
Composition des ménages				
Nombre d'enfants de moins de 14 ans	Impact mineur	Impact mineur	Impact mineur	Impact mineur
Nombre d'enfants de 15-24 ans	Impact mineur	Probabilité de travailler exclusivement inférieure de 2–3 %, plus importante dans les pays ayant des antécédents de conflit	Impact mineur	Impact mineur
Caractéristiques du chef de ménage				
Femme	Faible effet négatif	Faible effet négatif, plus marqué dans le Sud et les pays à revenu intermédiaire tranche inférieure	Faible effet positif, plus marqué dans les pays à revenu intermédiaire tranche inférieure	Faible effet positif, plus marqué dans les pays à revenu intermédiaire tranche inférieure
Marié	Faible effet négatif, plus marqué dans les pays à revenu intermédiaire tranche inférieure	Faible effet négatif, plus marqué dans les pays à revenu intermédiaire tranche inférieure	Faible effet positif	Faible effet positif
Cycle primaire achevé	Effet négatif, particulièrement dans le Sud (7 %)	Réduit la probabilité de 11 %, jusqu'à 18 % à l'ouest	Effet positif, surtout dans les pays lusophone (9 %)	11 % plus élevé que ceux dont les parents n'ont pas d'instruction, surtout à l'ouest et les pays à revenu intermédiaire tranche inférieure

Suite du tableau page suivante

Tableau F.3 Facteurs déterminants de la scolarisation ou du travail chez les 15-24 ans *(Suite)*

	Sans activité (ou travaux domestiques)	*Travail exclusif*	*Travail et scolarité*	*Scolarité exclusive*
Caractéristiques du chef de ménage (suite)				
Second cycle du secondaire achevé	Faible effet positif	Probabilité de travailler exclusivement inférieure de 19 % et jusqu'à 30 % à l'ouest et les pays à revenu intermédiaire tranche inférieure	Faible effet négatif	Probabilité de se consacrer exclusivement aux études supérieure de 16 % par rapport aux cas où le chef de famille n'a pas d'éducation ; effet le plus marqué à l'ouest et dans les pays à revenu intermédiaire tranche inférieure
Éducation supérieure	Effet positif, mais non signifiant dans les régions de l'est et du centre	Probabilité de travailler exclusivement inférieure de 23 %, 41 % dans les pays lusophones	Non signifiant	Probabilité de se consacrer exclusivement aux études supérieures de 17 % par rapport aux cas où le chef de famille n'a pas d'éducation, 26 % dans les pays à revenu intermédiaire tranche inférieure
Travaille dans l'agriculture	Probabilité d'être inactif inférieure de 10 %	Probabilité de travailler exclusivement supérieure de 13 %	Faible effet positif	Effet négatif, surtout dans les pays à faible revenu
Revenu du ménage				
Revenu du ménage : quintile 2–5	Faible effet négatif	Dans le quintile le plus élevé, la probabilité de travailler est inférieure de 7 % par rapport aux ménages les plus pauvres, effets surtout marqués dans les pays à faible revenu	Faible effet positif	Probabilité de se consacrer exclusivement aux études jusqu'à 5 % supérieure, et jusqu'à 9 % dans les pays touchés par un conflit
Un adulte en activité de plus de 25 ans, plutôt qu'aucun	Probabilité d'être inactif supérieure de 6 %	Probabilité de travailler exclusivement inférieure de 18 %	Faible effet négatif	Probabilité de se consacrer exclusivement aux études supérieure de 14 %
Deux adultes en activité de plus de 25 ans, plutôt qu'aucun	Probabilité d'être inactif inférieure de 3 %, effet particulièrement marqué dans la région du centre, avec une probabilité marginale de 13 %	Probabilité de travailler exclusivement inférieure de 15 %, surtout dans le Sud avec une réduction de 26 %	Faible effet positif	Probabilité de se consacrer exclusivement aux études supérieure de 15 %, surtout dans le Sud avec 29 %
Trois adultes en activité, et plus, de plus de 25 ans, plutôt qu'aucun	Probabilité d'être inactif inférieure de 7 %	Probabilité de travailler exclusivement inférieure de 8 %, effet plus marqué à l'est et au sud	Faible effet positif	Probabilité de se consacrer exclusivement aux études supérieure de 12 %, surtout dans le Sud avec 26 %

Source : Feda et Sakellariou 2013.

Récapitulatif des résultats de Feda et Sakellariou (2013)

Tableau F.4 Facteurs déterminants de la scolarisation des 15-24 ans aux étapes de transition

	Inscription au primaire	Achèvement du primaire	Inscription au secondaire	Achèvement du secondaire
Caractéristiques des jeunes				
Filles : jamais mariées	Chances égales aux hommes, mais nettement moindres dans les pays touchés par un conflit (0,6:1 en faveur des hommes)	Chances égales aux hommes	Chances égales aux hommes dans les pays francophones et lusophones, et légèrement inférieures ailleurs	Chances en faveur des femmes, 1,2:1
Filles : mariées	De très faibles chances d'être scolarisées au primaire : 0,2:1, par rapport aux hommes	Chances inférieures pour les femmes mariées (0,6:1), sauf à l'est où il n'y a pas de différence signifiante	Chances des femmes mariées : 0,14:1	Une fois inscrites au secondaire, les femmes mariées sont trois fois plus susceptibles d'achever ce cycle, et près de quatre fois plus dans les pays touchés par un conflit
Jeunes urbains/ jeunes ruraux	Chances d'être scolarisés au primaire et d'achever ce cycle supérieures chez les urbains que chez les ruraux (1,5:1 et 1,6:1), et proches du double dans les pays francophones, lusophones et touchés par un conflit	Chances d'être scolarisés au primaire et d'achever ce cycle supérieures chez les urbains que chez les ruraux (1,5:1 et 1,6:1), et proches du double dans les pays francophones, lusophones et touchés par un conflit	Chances légèrement meilleures pour les jeunes urbains	Chances légèrement meilleures, surtout dans le Sud, mais moins bonnes dans les pays francophones
Caractéristiques du chef du ménage				
Femme	Plus susceptibles d'être scolarisées au primaire (1,5:1) que dans les foyers dirigés par des hommes	Plus susceptibles d'être scolarisées au primaire et d'achever ce cycle (1,5:1) que dans les foyers dirigés par des hommes, surtout à l'est	Chances égales	Particulièrement important dans les pays à faible revenu où le ratio est de 1,5:1
Marié	Chances légèrement supérieures de passer toutes les transitions, soit environ 1,1 sur 1	Chances légèrement supérieures de passer toutes les transitions, soit environ 1,1 sur 1	Chances légèrement supérieures de passer toutes les transitions, soit environ 1,1 sur 1	Chances légèrement supérieures de passer toutes les transitions, soit environ 1,1 sur 1
Cycle primaire achevé	Trois fois plus susceptibles d'être scolarisés au primaire que les jeunes issus de ménages dont le chef n'a pas d'instruction	Les chances d'achever le cycle primaire sont de 1,8:1, et plus faibles dans les pays ayant des antécédents de conflit	Chances quasiment égales	Chances quasiment égales

Suite du tableau page suivante

Récapitulatif des résultats de Feda et Sakellariou (2013)

Tableau F.4 Facteurs déterminants de la scolarisation des 15-24 ans aux étapes de transition *(suite)*

	Inscription au primaire	Achèvement du primaire	Inscription au secondaire	Achèvement du secondaire
Caractéristiques du chef du ménage (suite)				
Cycle secondaire achevé	Cinq fois plus susceptibles d'être scolarisés au primaire, six fois plus à l'ouest et dans les pays à revenu intermédiaire tranche inférieure	Trois fois plus susceptibles d'achever le primaire, sauf dans les pays ayant des antécédents de conflit où les chances sont légèrement inférieures à 2:1	Près de deux fois plus susceptibles de s'inscrire au secondaire et d'achever ce cycle, un peu moins dans les pays ayant des antécédents de conflit	Près de deux fois plus susceptibles de s'inscrire au secondaire et d'achever ce cycle, moins dans les pays ayant des antécédents de conflit
Éducation supérieure	Quatre fois plus susceptibles d'être inscrits au primaire	Trois fois plus susceptibles d'achever le primaire, sauf dans les pays ayant des antécédents de conflit	Près de deux fois plus susceptibles de s'inscrire au secondaire et d'achever ce cycle, moins dans les pays ayant des antécédents de conflit	Près de deux fois plus susceptibles de s'inscrire au secondaire et d'achever ce cycle, moins dans les pays ayant des antécédents de conflit
Travaille dans l'agriculture	Moins susceptibles d'être inscrits au primaire et d'achever ce cycle (0,8:1), ratio le plus faible dans les pays lusophones	Moins susceptibles d'être inscrits au primaire et d'achever ce cycle (0,8:1), ratio le plus faible dans les pays lusophones	Des chances similaires (2) d'être inscrits au secondaire et d'achever ce cycle	Des chances similaires (2) d'être inscrits au secondaire et d'achever ce cycle
Revenu du ménage				
Revenu du ménage : quintile : 2:5	Les chances d'être inscrits au primaire augmentent avec le quintile de revenu (passant de 1,2 à 1,5), surtout dans les pays lusophones	Les chances d'achever le primaire augmentent avec le quintile de revenu (passant de 1,2 à 1,8), surtout dans les pays lusophones et les pays à revenu intermédiaire tranche inférieure	Au quintile le plus élevé, les chances sont de 1,5:1, surtout dans les pays lusophones	Impact plus faible par rapport aux transitions antérieures ; les chances sont à peu près égales dans le quintile inférieur, avec un ratio de 1,3:1 au quintile le plus élevé
Au moins un membre du ménage employé de plus de 25 ans	Chances d'environ 1,3:1,6	Chances d'environ 1,3:1,6	Probabilité de passer au secondaire deux fois supérieure, et presque trois fois supérieure dans le Sud	Les chances sont inversées

Source : Feda et Sakellariou 2013.

Bibliographie

Feda, Kebede, and Chris Sakellariou. 2013. "Out of School, School-Work Outcomes and Education Transitions of Youth in Sub-Saharan Africa—A Diagnostic." Background paper prepared for the World Bank program on Secondary Education in Africa (SEIA), World Bank, Washington, DC.

Déclaration en matière de préservation de l'environnement

Le Groupe de la Banque mondiale s'efforce de réduire son empreinte environnementale. Afin d'honorer cet engagement, le Service des publications et de la diffusion des connaissances a recours aux moyens de publication électronique et aux technologies de publication sur demande dans les centres régionaux du monde entier. Ces initiatives concourent à limiter les tirages et les distances d'expédition, d'où une moindre consommation de papier et de produits chimiques et une réduction des émissions de gaz à effet de serre et des déchets.

Le Service des publications et de la diffusion des connaissances applique les normes recommandées par l'Initiative Green Press. Dans toute la mesure du possible, les livres sont imprimés sur du papier contenant de 50 % à 100 % de fibres recyclées postconsommation, dont au moins 50 % de papier non blanchi ou blanchi selon les procédés TCF (exempt de chlore), PCF (traité sans chlore) et EECF (procédé amélioré sans chlore élémentaire).

Pour en savoir plus sur la philosophie environnementale de la Banque, rendez-vous à l'adresse : http://crinfo.worldbank.org/wbcrinfo/node/4.